失序 年代

紅色帝國的崩潰

CCCP

洪茂雄——著

DISINTEGRATION
OF THE
SOVIET UNION

三民書局

國家圖書館出版品預行編目資料

失序年代：紅色帝國的崩潰／洪茂雄著.－－初版一
刷.－－臺北市：三民，2019
　　面；　公分.－－(說史)

ISBN 978-957-14-6614-9　(平裝)

1.國際政治 2.文集

578.07　　　　　　　　　　　　　108004552

© **失序年代**
——紅色帝國的崩潰

著 作 人	洪茂雄
責任編輯	洪翊婷
封面設計	FE設計　葉馥儀
發 行 人	劉振強
著作財產權人	三民書局股份有限公司
發 行 所	三民書局股份有限公司
	地址　臺北市復興北路386號
	電話　(02)25006600
	郵撥帳號　0009998-5
門 市 部	(復北店) 臺北市復興北路386號
	(重南店) 臺北市重慶南路一段61號
出版日期	初版一刷　2019年7月
編　　號	S 630530

行政院新聞局登記證局版臺業字第○二○○號

有著作權‧不准侵害

ISBN　978-957-14-6614-9　　(平裝)

http://www.sanmin.com.tw　三民網路書店

自　序

　　1990 年 7、8 月間，筆者帶了淡江大學歐洲研究所研究生葉彥邦、楊傳裕、劉書彬、羅秀青、吳真正等人親赴東歐國家觀察其所謂自由化情景為何。我們一行人先飛到維也納，辦好入境東歐國家的簽證手續。那時東歐國家剛剛開放，所以在一、二天內就取得簽證，只有阿爾巴尼亞大使館人煙稀少，找不到承辦簽證工作人員，我們只好抱著去或不去皆無所謂的心態，先到保加利亞再說。

　　此次東歐行程這樣安排，由維也納搭火車到捷克布拉格，再由布拉格搭車前往匈牙利布達佩斯，然後再搭車前往羅馬尼亞布加勒斯特，隨後再搭車前往保加利亞的索菲亞。我們住的旅館在索菲亞城中心，離阿爾巴尼亞大使館不遠。我們一行人那天上午穿著整齊服裝走去阿國大使館，一位看來等級不算低的外交官詢問我們來阿爾巴尼亞的目的為何？這位外交官態度很誠懇，明快表示，你們去阿爾巴尼亞地拉那的簽證沒問題，下午就可以給，我們聽了真的喜出望外。

　　從索菲亞到地拉那沒有直達火車，必須在塞爾維亞城市尼什 (Niš) 轉搭巴士到阿國邊界入境，回程再從地拉那坐計程車到阿國和蒙特內哥羅邊界出境。可是那時尚缺定時通行的公共汽車，因此我們只好再搭計程車前往狄托市〔現在已恢復原名波德里查 (Podgorica)〕，然後再從蒙特內哥羅搭乘長途火車穿越

數十個山洞，始到達塞爾維亞共和國首都貝爾格勒。塞爾維亞和克羅埃西亞因獨立問題互不相讓，而爆發內戰。塞爾維亞族和克羅埃西亞族是組建南斯拉夫共和國的最重要成員，因此，這兩個民族都無意使內戰越演越烈，希望以停火來降低緊張情勢。我們很幸運在此一時刻離開貝爾格勒回到維也納。

　　總而言之，我們第一次東歐七國之旅，每一站停留時間少者三天，多者五天，雖然時間甚短，但獲益良多。對東歐國家民主化發展，有極為深刻的印象而留下美好的回憶。

　　第二次世界大戰結束前後，東歐地區也難逃戰火的波及，其各項建設百廢待舉。未料，僅在四、五年內，這塊命運多舛的東歐地區卻被蘇聯共產黨刻意栽培的職業革命家早先一步給赤化了。從此，東歐國家又多了一個稱號，如同被關入鐵幕，被俗稱鐵幕國家。舉凡 1945 年蘇聯完全佔領波蘭，1947 年成立波蘭人民共和國；1946 年保加利亞共產黨掌握大權，成立人民共和國政府；1946 年 1 月阿爾巴尼亞成立人民共和國；1947 年 12 月羅馬尼亞國王被迫退位，成立人民共和國；1948 年 2 月捷克斯洛伐克共產黨奪權成功，開始執政；1949 年 8 月匈牙利人民共和國成立；1949 年德國被迫分裂，建立德意志聯邦共和國和德意志民主共和國，後者完全在莫斯科的控制下，毫無自主的空間。因為戰後初期這些國家基本上都聽命莫斯科的指揮，故又稱蘇聯的附庸，蘇聯根本不把主權國家的獨立性放在眼裡，遠不如西方帝國主義下的殖民地位。

　　事實上，「東歐」一詞有多層面的意義：其一，它不再是簡

單的地理名詞，而是具有政治集團和經濟集團的代表性，如
1950 年代以來常見的「經濟互助委員會」、「華沙公約組織」，
就清清楚楚反映東西方冷戰的格局，互不相讓，其主張和互動
關係影響深遠，相當程度反映歐洲現代史的寫照。

　　其二，「東歐」這個概念已成為學術用語，所謂「東歐研
究」，自 1960 年代以來已算是一門顯學，吸引不少莘莘學子的
關注，歐美著名大學也紛紛設立獨立學科，培養不少學者，使
「東歐研究」更具深度與活力。

　　其三，「東歐」表面上被蘇聯這個「紅色帝國」控制將近半
個世紀，但並非事事聽從莫斯科擺布，仍然想自求發展，排除
困境，走向自由道路。如狄托發難改弦易轍，倡導計劃經濟與
市場經濟混合制；1956 年匈牙利爆發自由化運動；1968 年的捷
克「布拉格之春」，以及 1980 年波蘭團結工聯的崛起等等，都
可謂東歐變貌的樣板。因此，東歐一詞，具有特殊意義。共產
黨和世界多數民主國家萬萬沒想到東歐「脫俄入歐」成功地轉
型，和蘇聯這個名詞竟然也走入歷史，默默從地球上消失。

　　這本書《失序年代──紅色帝國的崩潰》所討論的範圍，
重點包涵蘇聯和東歐國家原本自認是「社會主義大家庭」成員，
為何禁不起時間的考驗，最後走向崩潰的命運？其中舉凡：第
一，蘇聯共產黨自 1917 年 10 月革命迄今已有百年歷史。如此
百年歷史的老店是受到什麼樣的內外在因素腐化，終告一蹶不
振，領導中心的威望一落千丈，對其追隨者不再具有吸引力？
第二，東歐各國在蘇聯走向崩潰之前有無蛛絲馬跡，暴露其內

部有難解的矛盾,最終導致集團成員各行其是而告瓦解?第三,扮演歐洲極為重要角色的歐洲聯盟和北大西洋公約組織,究竟對東歐國家改革運動有何助力?眾所皆知,自由、法治、人權是當今西歐國家立國精神,和平則是歐洲國家建立睦鄰關係必要手段。因此,假設當今沒有歐盟和北約的存在,那麼歐洲文明將何去何從?如何選擇再造歐洲復興的新模式,誠是令人難以想像的了!

本書分前篇、中篇和最終篇三部分來論述紅色帝國崩潰前後的變化。前篇包括前共產黨國家因應改革的困境,和中東歐各國轉型的勢頭,以及最具戲劇性的東德轉型經驗;中篇主要論述戈巴契夫上臺以來提倡改革新思維和其衝擊,與兩德統一進程何以奇蹟式地大功告成,以及葉爾欽接棒推動改革的後續發展;最終篇則解析蘇聯瓦解的前因後果,對於如何重建歐洲新戰略與新秩序,最後做一個總結。

上述文稿一部分已在國內報刊雜誌發表過。為了較有系統評估紅色帝國的崩潰,乃將新舊稿略加修正,以供讀者參考。不過,一本書要包羅萬象,面面顧到,十分困難,諸如類似歐洲集體安全、歐洲議會扮演角色與功能,乃至退出歐洲大家庭等議題,也都是令人關注的焦點,但也只好暫時忍痛,擺一邊。再加上筆者長期以來飽受眼疾之苦,靈魂之窗無從發揮功能,致使影響筆者書籍的出版計劃。幸好筆者有一位好學深思的朋友張福昌博士,畢業於德國科隆大學,榮獲博士學位,現任教於淡江大學歐洲研究所,對本書內容也感到興趣,筆者乃委託

他來當總校正，提供必須修改的觀點。再者，本書之所以能順利問世，也多虧有三民書局編輯部的幫助。本書內容詞句難免有不夠嚴謹或失漏之處，煩請有識之士不吝賜教。

洪茂雄謹識 2019 年
於臺北市萬隆寓所

寫在開始前　親訪東歐

　　我們在東歐風雲變色的 1990 年，不怕路途遙遠又陌生，專程來到東歐觀察其演變情勢，一來充當歷史的見證人，二來也藉機旅遊，多少可以認識東歐各國的文化背景。在此，謹就難得一見的歷史鏡頭列舉一二簡述如下：

△阿爾巴尼亞：

　　我們一行六人，走入阿國邊界，海關和檢查入境文件人員對我們數位東方面孔觀光客，一方面很好奇，頻問來訪目的為何；另一方面態度友善，很快就讓我們通關了。我們從邊界到地拉那，在公路上見到不少意圖破壞秩序的把戲，大大小小的石頭築成一道圍牆，使通行的汽車不得不停下來解除障礙。到了地拉那，到處可見退休老人啃著乾麵包渡日。更令人難以置信的是，在這裡居然找不到餐館解決民生問題，只能在所住旅館的餐廳用餐。再者，尚有兩件事值得一提，每天傍晚時刻，城市居民成群結隊，沿著「社會主義大道」散步走向中央廣場。這個廣場是昔日共產黨進行政治活動的中心，門禁森嚴，如今市民可自由通行無阻。另外地拉那大學有一處講堂，一群大學生曾在這裡發動罷課絕食行動，也引發阿國社會各界的共鳴，一躍成為地拉那大學的革命聖地。

△保加利亞：

　　索菲亞算是一個中小型城市，建築物予人古色古香之感。

我們所住的旅館早在維也納就訂好了，旅館服務人員很友善，一再提醒我們要小心。我們辦妥住房手續後就迫不及待地往城市中心走去。其間，最令我們感到新奇者，如前保共辦公大樓，已由黨產轉歸公有財產，在共產黨長期統治期間，這棟大樓門禁森嚴，如今竟成咖啡廳等休閒場所，我們還走進這棟大樓某一會客室，向幾位保國前共產黨員請教，他們都樂意與我們交換意見。此時由於國會改選，反對黨群起抗議選舉不公，約有一、二十位反對黨的國會議員，在國會門前絕食抗議，圍堵的群眾秩序還算平和。再者，值得一提的是，在一處有十萬人以上的示威群眾居然把保國一座相當具有紀念性的建築物縱火焚毀，這是東歐民主化進程中難得看到的鏡頭。

△**南斯拉夫：**

於戰後在巴爾幹半島所建立的國家。由於其組織成員來自不同的族群，計有塞爾維亞、克羅埃西亞、斯洛維尼亞、波赫、馬其頓和蒙特內哥羅等六個民族，另外有兩個自治省，即科索沃和沃伊沃地那 (Vojvodina)，共八個行政區。1946 年 1 月才通過有蘇聯色彩的新憲法，其國號為「南斯拉夫聯邦人民共和國」，算是鬆散的聯邦體制。巴爾幹地區種族複雜，各個行政區的發展參差不齊，導致其認同歷史文化迥異，各吹各的調。因此，所謂「巴爾幹火藥庫」，成為一般人喜歡引用的通稱。

南斯拉夫若以土地面積來比較，僅次於波蘭。其戰略地位，是來往歐洲各地交通必經之地。在當代國際關係中，它的角色與行為也相當突出，例如在國際共產黨情報局裡因敢向蘇共挑

戰，而遭開除黨籍處分，其後再提出經濟革新方案，跟隨蘇聯老大哥計劃經濟同行，卻試著將計劃經濟和市場經濟交流。因此，所謂南斯拉夫模式在 1950、1960 年代，備受歐洲國家關注。當時甚至於開放邊界，不必事先辦妥入境簽證，也可自由通行。我們一行人從阿爾巴尼亞入境蒙特內哥羅共和國也享受免簽證的待遇。由此可見昔日共產黨有如鐵板一塊，無心徹底改頭換面，去改造社會主義，使其更具有活力。

△羅馬尼亞：

羅馬尼亞這個國家，留給世人三大印象：其一，「不改革就革命」，在中東歐國家當中，只有羅國因抗拒改革而在 1989 年 12 月發生流血革命。當年的領導人齊奧塞斯庫 (Nicolae Ceauşescu, 1918～1989) 甫召開共產黨大會，並在大會中大言不慚，布加勒斯特不會追隨鄰邦走改革道路。一個月後，他依照出國訪問行程，走訪伊朗。不過二天後就匆匆返國，但為時已晚，安全警察不再把槍口對準平民，反而改變角色，聲明要保衛人民的安全，導致羅國這一場革命在一週內結束。其二，在國家財政陷入困境之際，不惜耗費龐大資金來建造一座豪華多功能共和國宮（今議會宮），和舉行國際會議的場所。其三，齊氏家族親友共約四十名盤據各階層權力核心，致使人民不滿情緒升高，終致這個獨裁政權垮臺。

追根究底，羅馬尼亞之所以在短時間內引爆全國性動亂，其遠因固然是齊奧塞斯庫長期掌握大權，蔑視人民生活每況愈下，引起民眾不滿等因素。1989 年 8 月間一位匈牙利裔牧師托

克斯 (László Tőkés) 經常在證道中有意無意地暗諷當局 ，而埋下了革命的火種。托克斯因此常遭到祕密警察窮凶惡極干擾，當此一信息傳遍全國各地，舉國譁然，大大小小示威抗議和罷工運動應運而起，一場官民流血衝突在所難免。根據資料保守統計，約有四千人在這一場流血衝突中犧牲性命。因此，這個位處羅匈邊界的蒂米什瓦拉 (Timisoara) 小城市，乃被稱為羅馬尼亞轉型革命聖地。

　　我們一行六人，就是從布達佩斯搭火車來到蒂米什瓦拉，剛到這裡時，眼睛一時離不開街上三步五步就擺放的一束又一束的鮮花，是用來紀念為羅馬尼亞革命犧牲的無名英雄。由於我們有清晰的東方面孔，比較引人注目，因此，我們很快就認識一批羅馬尼亞青年，他們成為我們在羅國觀察的嚮導，提供不少羅國革命消息。

△匈牙利：

　　就歷史背景來看，匈牙利是屬芬、匈語系民族，十七世紀因長期受哈布斯堡王朝統治，1867 年奧地利建立二元帝國到第一次世界大戰結束，匈牙利受到西方影響甚深。1969 年筆者參加學生旅遊團第一次來到匈牙利，就懷有極佳好感。1989 年帶了研究生再度來到匈牙利，此行最感到莫名其妙的，就是居然在地鐵車上被市民小偷搶走皮包，皮包內尚有 1,800 馬克，但車上乘客竟然無動於衷，未挺身相助，原本對匈牙利所留下的好印象大打折扣。不過，客觀地說，匈牙利的改革進程，不論是先前作業或是計劃實行，乃至受外在力量干擾，都表現相當

突出。1953 年納吉上臺執政曾揚言，要退出華沙公約組織，並進行全面性改革，使匈牙利揚眉吐氣。但這項改革運動卻惹惱了莫斯科，而換來華沙公約組織武力干預，宣告失敗。

△捷克：

捷克位處歐洲心臟地帶，其風土人情就吸引了眾多觀光客，連莫札特都會流連忘返。捷克最受世人肯定的莫過於 1968 年的「布拉格之春」自由化運動。正因為捷克戰略地位重要，為了有效嚇阻「布拉格之春」的改革運動，迫使克里姆林宮再度出兵威脅捷克。克里姆林宮命令華約成員（羅馬尼亞之外），利用午夜出兵佔領捷克。此一粗暴行徑，立即引起歐洲國家嚴重譴責。蘇聯領導的華約組織，為了降低來自四面八方圍攻和批判，乃採取不合時宜的理論來自圓其說，如「布里茲涅夫主義」、「主權有限論」。「布拉格之春」原本是一場成功在望的自由化運動，中途卻因莫斯科的干預草草收場。當年自由化運動的精神領袖杜布切克如同克里姆林宮的玩偶，他的職位隨便被調動，最後充當森林鐵路小站長。但畢竟杜氏具有英雄本色的魅力，深得民心，使得 1989 年 11 月「絲絨革命」風起雲湧時，他突然在廣大群眾中復出，隨後被推選為國會議長，參與國事。

△波蘭：

波蘭位處俄羅斯和普魯士兩大民族之間，歷史上曾遭四度瓜分，因而始背負有「悲劇的民族」之稱。那麼波蘭何以沒有亡國，迄今在歐洲聯盟和北大西洋公約組織扮演重要角色？我們一行六人旅途到柏林時，其中四位因為有他事，先行返國。

因此，我和同行助理決定要好好體察波蘭的改革情況，其中給我印象最深刻者：第一，波蘭是一個天主教國家，當時又產生四百五十六年來所謂第一位非義大利籍教宗，使波蘭舉國上下振奮不已，每當團結工聯與波蘭政府因改革態度互不相讓時，教宗則扮演潤滑劑，促使各方以國家利益為重，才使波蘭改革進程逐步穩定下來。第二，全國工會取名「聯合」、「團結」，正象徵著波蘭工人有團結的迫切性，即使團結工聯被禁止公開活動，他們仍轉入地下活動，公然向獨裁的波共政府挑戰。團結工聯成立之初，其會員很快就打破千萬的記錄，連美國以波裔為骨幹的工會也樂於參與，並且捐款相助。可見團結工聯聲勢之浩大，乃世人所罕見。第三，團結工聯中一位失業的工匠出面號召，呼籲全國工人要團結起來，爭取應有的權益，並且要求共產黨下臺謝罪。此時波蘭的新聞媒體還披露過，某些團結工聯領導幹部都曾祕密充當波共線民。第四，波蘭地理位置和文化遺產對其日後永續發展具有無可限量的助力，前者擁有廣闊的波蘭平原，是提供發展農工不可少的條件，東北邊銜接波羅的海，有眾多優良港口，深具戰略價值，有利拓展國際經貿關係；後者則是提升波蘭良好形象不可少的要件。

　　以上這些歷史性的親身經歷都是這本專書的重要素材，勾勒了蘇聯紅色帝國如何崩潰與東歐國家如何民主化的清楚輪廓與過程。

目　次

◆中篇：戈巴契夫來了！

◆最終篇：在帝國崩潰之後

紅色帝國崩潰前

前　言

　　戈巴契夫 (Mikhail Gorbachev, 1931～　) 於 1985 年 3 月擔任蘇維埃社會主義聯邦共和國（簡稱蘇聯）總書記，開啟共運史上嶄新的改革新頁。戈巴契夫從入黨到掌權，約計為共產黨服務三十三年，他非常明白蘇聯與東歐國家普遍患有政治體制僵化、經濟發展停滯的毛病，因此，乃提出「改造」(Perestroika) 與「公開性」(Glasnost) 政策以拯救社會主義大家庭。而其改革內容主要有五：第一，學習市場經濟，修改計劃經濟制度；第二，排斥一黨專政，強調社會主義世界的多樣性；第三，解放意識形態，接受與非社會主義國家外交往來；第四，放棄堅持四大原則（共產黨領導、社會主義道路、無產階級專政、堅持馬列思想），力求彼此調和與接納；第五，建立「歐洲共同家園」，使歐洲成為和平生存空間。戈巴契夫除了在蘇聯境內推行改革政策（例如：頒布禁酒令、實施政治改革等）外，對於蘇聯旗下的東歐附庸國家（東德、波蘭、捷克斯洛伐克、匈牙利、羅馬尼亞與保加利亞）也採取改革與開放政策，允許東歐六國「選擇自己的路」，掀起 1989 年東歐民主化運動。

　　1989 年 6 月波蘭開了第一槍，團結工聯 (Solidarity) 領袖瓦文薩與波蘭共產黨（即波蘭統一工人黨，以下簡稱波共）舉行世紀談判，開啟邁向民主國家之路。緊接著，東德、捷克斯洛伐克、匈牙利、保加利亞與羅馬尼亞也在戈巴契夫的默許下，

慢慢走向民主化道路。在美國學者杭廷頓 (Samuel Huntington) 的眼裡，東歐民主化運動是「第三波民主化浪潮」的終點站；它不僅改變歐洲的政治生態，也間接造成蘇聯的解體；這樣的改變，直接化解東西方將近半世紀的對峙，導致冷戰 (Cold War) 結束，戈巴契夫也因此獲得諾貝爾和平獎這個殊榮。

團結工聯

1980 年波共政府面臨經濟危機，決定減緩工資調漲且提高物價，引起各地工人不滿。在格但斯克列寧造船廠，一位知名勞工運動領袖安娜・瓦倫第諾維茨遭到解僱，點燃罷工的引信。瓦文薩加入此次罷工，並成立團結工聯，團結工聯從此成為反波共的中心。

瓦文薩

瓦文薩 (Lech Wałęsa, 1943～) 為木匠之子，1967 年起擔任電工。1976 年反波共運動暴發，他積極參與反政府運動。1980 年列寧造船廠抗議期間，他被選為罷工委員會首領，與廠方進行談判成功，後也使團結工聯成為合法組織。

瓦文薩

　　就整個東歐民主化的過程而言，有些東歐國家的民主化是走「由上而下」(Top-Down) 模式，由共產黨主動下放權力，和平政權轉移，例如匈牙利；有些則是「由下而上」(Bottom-Up)模式，在群眾激烈抗爭下，才迫使共產黨屈服，進行改革，例如東德、捷克斯洛伐克與羅馬尼亞；而波蘭與保加利亞則是走「上下交互帶動」模式，由朝野雙方相互作用，共產黨與反對團體都主動提出改革方案，經談判妥協後，由國會表決通過，公布施行，這可算是前面兩者的綜合模式。不管採取何種模式，能脫離當時共產黨的極權統治邁向民主，都是可歌可泣的大歷史，值得我們再三回顧，細細品論。

2005 年波蘭團結工聯成立二十五週年紀念日

§東歐轉型的勢頭

◆波蘭

　　波蘭是東歐八個國家中，無論面積（312,679 平方公里）或人口（約 3,863 萬），均居首位，是華沙公約組織最重要的成員之一。由於波蘭在歷史上處於日耳曼和俄羅斯兩大民族之間，屢遭瓜分，史家乃有「悲劇的波蘭」之謂。戰後，波蘭赤化，也同樣過著不平靜的日子，大大小小的動盪局面不斷發生，波蘭依然充滿著悲劇和危機。波共政權為扭轉重重困境，曾進行數次不同程度的改革，1952 年以來，光是憲法的修正案，就有十四次之多。

　　1980 年代，可謂是波蘭前途的轉折時刻，曾創下東歐共產黨國家多項先例。諸如：1980 年 10 月，波共容許由瓦文薩所領導的第一個非官方獨立自主工會——團結工聯的存在；一年後，因團結工聯聲勢浩大，向波共政權挑戰，波共當局乃頒布《軍管法》，實行軍事統治，鎮壓團結工聯的活動；1983 年 7 月，波蘭宣布解除戒嚴，團結工聯死灰復燃，對波共政權依然構成威脅；1987 年，波共提出政經改革方案，訴之公民表決，雖然未獲通過，但卻首創東歐國家全民政治參與的記錄；其後，在 1988 年經過二次的罷工浪潮，團結工聯領袖瓦文薩從中斡旋，有效地緩和波蘭境內的緊張情勢，波共當局終於同意與團結工聯代表舉行圓桌會議，共商國家大事；從此，團結工聯敗

部復活，終於在 1989 年 4 月 17 日又正式成為合法組織。1989 年 6 月，團結工聯贏得波蘭戰後首次選舉，得以組織東歐第一個「非共化」政府。

圓桌會議

在團結工聯持續運動與波蘭國內通膨嚴重的情況下，波共政權為防止騷動與混亂，於 1989 年與團結工聯就政治、經濟和團結工聯合法化等議題進行圓桌會議。圓桌會議徹底改變波蘭政府和社會形態。

1945	‧蘇聯完全佔領波蘭領土 ‧全國團結臨時政府成立
1947	‧波蘭人民共和國成立
1948	‧波蘭統一工人黨成立，開始實行一黨專政
1955	‧蘇聯領導東歐社會主義國家成立華沙公約組織
1976	‧經濟問題嚴重，發生大罷工
1978	‧波蘭籍樞機主教當選天主教教宗，加冕稱號若望‧保祿二世
1980	‧團結工聯成立
1981	‧實施戒嚴
1983	‧解除戒嚴 ‧瓦文薩獲頒諾貝爾和平獎

波蘭 1945~1983 大事年表

波蘭為什麼「解嚴」?

【1983 年 7 月 23 日／洪茂雄】

波蘭實施戒嚴,有其時空背景,1979 年教宗若望·保祿二世回到祖國訪問,引起團結工聯要求獨立自由的運動,日趨活躍的團結工聯迫使當時的俄共領導人布里茲涅夫對波共總書記賈魯塞斯基施加壓力,也使東歐集團一連在波蘭邊界舉行五次軍事演習,直到 1981 年 10 月間,團結工聯準備奪權的祕密會議被探悉,東歐國家領袖在緊急會商後,終於決定在聖誕節之前實施戒嚴,而於 1981 年 12 月 13 日宣布軍事管制,「救國軍事委員會」也正式成立,這是波蘭採取戒嚴的背景。

對內部造成嚴重影響

當波蘭宣布戒嚴以後,美國在兩天後就對它採取經濟制裁,包括穀物禁運和不准波蘭客輪在美國港口靠岸的措施,雷根並要求西方盟國加入制裁的行動,但是並未得到熱烈反應;因為波蘭向西德、法國、英國及荷蘭一共貸款 270 億美元,其中西德是最大的債主,還債的顧慮使它們不願採取太激烈的行動。另外,西歐對於美國的強硬態度不以為然,認為那並無助於東西方的和解和東歐的自由化運動。加上西德與波蘭有大量的貿易,以及 1980 年 12 月與蘇俄簽訂西伯利亞天然氣管道契約等等因素,使西歐國家不願意對波蘭採取相同的經濟制裁。

　　儘管如此，波蘭的戒嚴仍然造成內部嚴重的影響，不准集會、結社、旅行、遷徙的管制，以及國內外新聞的檢查等措施，雖然使團結工聯的對抗受到壓制而轉入地下，但是工人的怠工也使工業生產大受影響，總生產量降低幅度高達6%，成群的人民排隊購買食物，不滿的情緒日漸高昂，這些都使波蘭政府面臨嚴重的困難。

　　波蘭解除戒嚴法，除了因經濟困難以外，還有幾個重要因素，一是教宗對波蘭政治發展的影響具有舉足輕重的力量，而波蘭又希望繼續倚賴西方，不願與西方斷絕，因此教宗今年第二次訪問波蘭時，就分別與波蘭政府及團結工聯領袖瓦文薩達成默契，由瓦文薩的暫停政治活動來換取波蘭政府解除戒嚴，這是極重要的一個關鍵。

若望‧保祿二世

1978年，伍伊蒂瓦（Karol Wojtyła, 1920～2005，即若望‧保祿二世）樞機主教獲選為天主教教宗，成為四百五十八年來，第一位波蘭籍入主梵蒂岡的精神領袖。若望‧保祿二世對波蘭人深具影響力，他大力反對共產主義，極力支持團結工聯，對東歐民主化進程深具貢獻。

教宗若望‧保祿二世

國外波裔有相當貢獻

　　波蘭政府希望藉著解除戒嚴來緩和國內的緊張狀態以求對國內政局穩定有所幫助。而解除戒嚴的另一個因素，是散布世界各國的波裔人民，他們的發言在世界輿論上受到重視，也是波蘭政府在企求西方態度轉變時不可忽視的一股壓力，這些在世界各國分別佔有重要地位的波裔人民，對其祖國的恢復正常體制，實際上具有相當程度的貢獻。

　　在探討波蘭解除戒嚴的經過時，仍不應忽略它具有憲法傳統的事實；波蘭是 1791 年以來歐洲第一個成立憲法國家，因此具有悠久的憲法精神，甚至制定憲法的 5 月 3 日始終是這個共產黨國家公定的紀念日，這一尊重憲法的傳統使其國會仍須先經修憲的手段再賦予政府制定「緊急狀態處置法」的權力，才符合憲法運作的程序，這是值得探究的現象。

韓菲波發展值得注意

　　解嚴後的波蘭可能有什麼轉變呢？除了由軍人政府恢復文人統治之外，美國的態度是否會再隨之改變，是西方與波蘭關係走向的影響關鍵，而美國境內為數達八百萬的波裔公民，以其在工會與學術上的地位（如布里辛斯基、范錫、高華德），當不難影響雷根對波蘭的政策，因此美國乃至西方國家如果在短期內對波蘭改變態度，也不是太出人意料的結果。

︽︹ 布里辛斯基 ︺︾

波裔美籍的布里辛斯基 (Zbigniew Kazimierz Brzeziński, 1928～2017) 曾於卡特當政時期，擔任白宮國家安全顧問，與教宗若望‧保祿二世為推動波蘭民主化進程的重要推手之一，例如在匈牙利 1956 年的革命與發生在 1968 年的布拉格事件，布里辛斯基都曾設法阻止蘇聯出兵鎮壓當地。

布里辛斯基

　　由韓國、菲律賓以至波蘭的解除戒嚴，這種發展值得我們重視，尤其波蘭解除戒嚴的形式以後對於內部政局的穩定作用，在研究東歐局勢時不可予以忽視，也是目前國內必須注意的方向。

波蘭工人：
東歐民主運動的先驅

【1988 年 5 月 27 日／洪茂雄】

　　前不久，波蘭比得哥什 (Bydgoszcz) 運輸工人因不滿物價上漲而引起的搶購浪潮，深恐生活日益不保，乃發動罷工，要求加薪 63%，以平衡物價上漲的損失。本來這是一件自發性的罷工行動，與被禁的團結工聯無關。可是，當這項罷工事件傳開之後，立即獲得波蘭最大鋼鐵中心新胡塔 (Nowa Huta) 工人的響應，該鋼鐵工廠三萬兩千名工人中，約有一半以上的工人參加罷工行列。隨後，波蘭部分工廠工人也紛紛加入，其中最引人關注的是，1980 年團結工聯的誕生地格但斯克列寧造船廠，在瓦文薩登高一呼的號召下，也獲得該廠一萬兩千名工人中絕大多數的支持，於 5 月 2 日正式加入罷工行列。於此同時，華沙大學上千名的大學生也以罷課的方式，支持團結工聯的抗議行動。這可謂 1981 年波共當局以《軍管法》鎮壓團結工聯之後，七年來波蘭最不平靜的一幕。

經濟困境　罷工主因

　　雖然，這次波蘭工人的罷工行動，先盛後衰，只有十天的光景即告平息，但這並不表示波蘭的政局從此可趨穩定。基本

上，波蘭政局穩定與否，其關鍵所在，乃在於經濟問題。自從1945 年波共政權建立以來，曾在 1956、1970、1971、1980 年，先後出現過四次嚴重的動盪局面。在這四次動亂中，都是起因於不滿波共的經濟政策，而由工人首先發難，迫使三位波共領導人下臺，始得緩和當時緊張情勢。

此次波蘭再度爆發工潮，仍然是舊疾復發，長年累積下來的沉疴，波共當局一直苦無良策去對症下藥，以扭轉經濟困境。波共試圖下猛藥，自以為改革物價體系，大幅減少政府財政上補貼，以應付高達 400 億美元外債的負擔，俾渡難關。波蘭1982 年著手實施全面性的經濟改革，1988 年是第二階段的開始。儘管 1987 年 11 月，波共的經濟改革方案未獲波蘭公民半數以上的支持而遭否決，但波共仍堅持繼續進行經濟改革。該年 2 月以來，由於物價上漲的幅度過高，一般民生用品，平均漲幅 40% 以上，其中食品價格上漲 110%，房租和燃料則上漲一倍。另外，根據波蘭官方公布的資料顯示，最近一年來，波蘭的通貨膨脹率是 42%。事實上，據西方的經濟專家估計，其通貨膨脹率至少在 60～80% 之間。目前，波蘭工人每月平均所得低得令人不敢相信，只有 35,000 波幣（相當於新臺幣 2,500元），等於西方工業發達國家熟練技工的一日所得。這樣低水平的生活程度，難怪波蘭工人要團結起來革命了！

改革過程　重重障礙

1981 年，波共領導人，賈魯塞斯基上臺之後，試圖通過經

濟改革，加速實行市場經濟，大力解決商品供應的短缺，提高
國營企業的效益，擴大私營企業的範圍。其改革計劃，包括下
放經濟決策權，實行聯產計酬，簡化對私營企業的審批手續，
實施新的稅收制度，包括徵收增值稅和個人所得稅等等。唯波
共領導人擔心和黨內反對派發生衝突，放慢了重大改革方案的
實施進度，既未取消對國營事業的鉅額補貼，也未實施改變浪
費多端的中央投資政策；同時權力下放和精簡機構等措施也未
徹底執行。另外，私營企業放寬限制的新法規，也被推遲實行。

⟞⟝◯ 賈魯塞斯基 ◯⟞⟝

賈魯塞斯基 (Wojciech Jaruzelski, 1923～2014) 於 1981 年任波
共領導人，他欲透過經濟改革，加速開放市場經濟。但擔心與
黨內反對派的衝突而刻意減緩多項改革方案的實施，結果並未
解決波蘭的經濟問題。另外，賈氏任內多次鎮壓或禁止團結工
聯的活動，受到國際撻伐。

　　波蘭經濟研究院一位經濟學家即坦承指出，波共政權的政
治地位非常脆弱，很不願意做任何艱難的決定。根據波蘭的民
意研究機構，在 1988 年所做的調查報告顯示，接受調查者有
80% 對當前政府所推行的政策持否定的態度，其中 60% 認為該
年之內有可能會爆發嚴重的社會衝突。這種態度與團結工聯的
看法頗為吻合。

　　具體地說，現階段波蘭政府經濟改革的主要障礙，還是在

於波共當局的既得利益者，共產黨幹部希望維持現狀，不願意
實行徹底改革，以免失去特權。同時，經濟改革進程新舊體制
並存，加重經濟管理的困難，也是經濟發展績效不彰的主因。

罷工行動　主要訴求

　　這次波蘭罷工浪潮的主要訴求是：提高工資，釋放政治犯，
重新僱用被開除的活動分子，以及恢復團結工聯的合法地位。
前三者，基本上較容易獲得波共當局的讓步，後者，則是最難
妥協，因為波共已於八年前嚐盡苦頭，波共的統治地位曾遭到
嚴重的威脅，不可能再向團結工聯讓步。波共領導人賈魯塞斯
基甚至想盡辦法，要採取進一步的手段來箝制團結工聯的公開
活動。為此，波共乃在工潮再告平息之際，經由國會的授權通
過特別權利法。該法本來的用意是協助控制通貨膨脹，排除官
僚主義的阻力，迫使經理人員遵守改革政策，以加速波蘭的經
濟改革。其實，這項特別權利另有目的，波共想藉此禁止工人
在未經官方工會組織允許的情況下發動罷工，進而完全封殺團
結工聯帶動罷工的合法性。

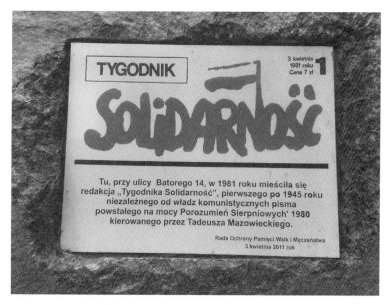

紀念團結工聯發行《團結週刊》的遺址

　　綜觀波蘭工人這次罷工抗議行動失敗的原因，大致可歸納下列四點：

　　第一，未得到如 1980 年和 1981 年團結工聯曾經輕易得到的全國性廣大工人的支持。

　　第二，這次工潮是自發性的，團結工聯未做周全的準備，誠如瓦文薩所說的，是一次不成熟的罷工行動。

　　第三，天主教會未介入，沒得到教會的支持，孤掌難鳴。同時，大多數波蘭人民已有共識，不希望自己國家的經濟每況愈下。

　　第四，波共的拖延策略奏效，團結工聯的活躍分子又受到隔離，活動空間大不如昔。

民主運動　擴散東歐

　　這次波蘭的罷工抗議行動，雖不如 1980 年那麼轟轟烈烈，但從最近在蘇聯和東歐國家所引發的一連串事件看來，民主運動似乎已逐漸擴散開來。首先，在莫斯科已出現了自稱是「布拉格之春」的兒女，於 5 月 7 日正式宣布成立「民主聯盟」，聲稱要與俄共公開競爭；隨後，匈牙利的學術界和科學工作者，亦於一週後在布達佩斯宣布成立「科學工作者民主工會」，自稱是東歐四十年來第一個獨立工會。準此以觀，戈巴契夫的新政治思維中所強調的社會主義民主化和社會主義建設的多樣性，已在東歐產生互動的作用。戈氏曾說：「沒有政治的改革，沒有全體社會積極參與，經濟改革就不可能成功。」瓦文薩在 1987 年 12 月接受保加利亞《祖國陣線報》的訪問時，也直截了當地表示這種看法。

東歐民主化之路：波蘭模式

【1989 年 5 月 2 日／洪茂雄】

波蘭以團結工聯為主的反對派，於 1989 年 2 月 6 日和波共當局進行長達兩個月的圓桌會議，終在 4 月 5 日達成妥協而提出一套具體的改革措施。波蘭朝野雙方能夠從動亂和鎮壓中，捐棄成見建立共識，在共產黨世界誠是特例。本文謹就波蘭民主化的進展，提出「波蘭模式」這個概念，略予評介。

團結工聯開啟改革之路

1980 年格但斯克列寧造船廠離職電工瓦文薩，原本是一位平凡工人，但憑藉其勇敢不屈服的個性，利用工人大罷工之際，掌握時機，登高一呼組織團結工聯，立即得到全國性的響應。

經過國內多次罷工，波共政權已深切體認到，鎮壓團結工

瓦文薩紀念郵票

聯，排除異己，並無助於解決當前波蘭的內部危機。同時，團
結工聯未取得合法地位，絕不甘休。因此波共當局決定讓步，
允許團結工聯向法院合法登記為獨立工會，成為戰後社會主義
國家中第一個合法的自由工會。其後，團結工聯因發展迅速，
會員劇增，威脅到波共政權的統治，乃被勒令禁止一切活動。
團結工聯雖在《軍管法》嚴厲箝制下，仍不屈不撓轉入地下活
動，依舊形成來勢洶洶的反共力量。波共因此意識到，如果不
能與反對派和解妥協，很可能導致整個國家機器的崩潰。同樣
地，團結工聯亦認識到，波蘭正面臨經濟破產邊緣，如果一味
訴之罷工行動，更會使整個波蘭社會癱瘓，人民利益和國家利
益均蒙受其害。在這樣的主客觀環境下，由波共和團結工聯以
及其他社會團體組成的 57 名代表，乃於 2 月 6 日開始舉行一
連串的圓桌會議，就政治、經濟和團結工聯合法化等三大主題
進行討論，其中再區分集會結社、新聞媒體、環境保護等十二
個小組，研擬具體改革措施，經過八週的艱辛談判，始克服彼
此間的歧見而達成協議。

波蘭改革模式深具特色

　　具體言之，波蘭朝野雙方共商的民主化改革措施具有下列
特色：

　　第一，波共放棄獨攬大權，議會採二院制，眾議院席次分
配：波共和其附屬政黨（統一農民黨和民主黨）以及親波共的
「愛國教會」，佔 65%，另外 35% 開放給反對派。新設立的參

議院有一百個席次,則完全開放自由競選。儘管波共在眾議院享有的立法權擁有絕對優勢,但若反對派在參議院佔有二分之一以上的席位,仍具有制衡的作用,因此,波共所欲通過執行的法案,不容易得逞。

第二,國家元首職位更名為總統,以取代「國務委員會」主席,總統任期六年,由二院聯席會議選舉產生,未來將由全民直接選舉,其職權類似法國總統,有權提名總理人選、解散國會、頒布法律、否決法案。

第三,放鬆新聞媒體的控制,允許反對派「辦一份日報和週刊,電視專有節目每週得使用半小時,電臺則為一小時」。同時,新聞檢查也予以放寬。

東歐改革潮流前仆後繼

第四,在軍管法實施期間,被解職的五萬餘團結工聯激進分子,重新僱用,政治犯也給予復權。波蘭議會已完成律法程序,通過《議會選舉法》、《參議院選舉法》、《結社法》、《工會法修正案》以及《個體農民農會法》等,對基本人權已有重大的改善。

由此以觀,波蘭民主化的發展,已向前邁出一大步。華沙當局於 1989 年 6 月 4 日和 18 日舉行首度新國會大選,這是波蘭 1920 年以來,第一次的自由選舉。過去一年,在東歐已出現巨大的變化,蘇聯、南斯拉夫、波蘭和匈牙利,都在進行政治體制改革,先後完成憲法的修正工作,調整國會功能,制訂選

舉法，俾能配合經濟改革的步伐，收攬民心，以挽救危機。

　　基本上，波蘭的民主化改革模式與蘇聯、匈牙利和南斯拉夫，顯有不同。前者是由下而上的改革，是在團結工聯的強大壓力和天主教會的介入，才迫使波共妥協，並引進相當程度的西方式議會民主；後三者，則是由上而下的改革，其改革措施都是由共產黨一手包辦，反對派的聲音很小，只是共產黨內部有改革派和保守派之分，對改革的步調有不同的意見而已。經過半年，匈、南兩國的民主化，已有顯著的進展，已容許「多黨制」的存在。其他東歐國家──保加利亞、捷克、東德、羅馬尼亞和阿爾巴尼亞等，雖然改革的政策小心翼翼，但從種種跡象顯示，蘇、波、匈等三國的改革旋風已吹進這些國家，勢將產生催化作用。

格但斯克列寧造船廠大門　1980 年於此的罷工催生出團結工聯，帶領波蘭走向民主化

波蘭民主化的困局

【1989 年 8 月 17 日／洪茂雄】

當團結工聯領袖瓦文薩表明要與親波共的統一農民黨和民主黨合組「非共政府」時，已引起莫斯科的關切。蘇聯駐華沙大使立即會見統一農民黨和民主黨的主席。

團結工聯左右政局

在 1989 年 6 月舉行的波蘭大選中，團結工聯表現突出，令人刮目相看，而波共和其聯盟則首嚐敗績，內部失和。根據選舉結果，參議院一百席中（開放自由選舉）團結工聯控制九十九席，波共僅有一席，眾議院四百六十席，波共（統一工人黨）一百七十二席，統一農民黨七十六席、民主黨二十七席、愛國

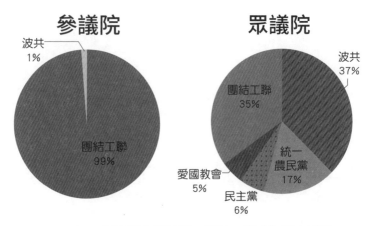

1989 年 6 月波蘭大選結果　團結工聯成為最大贏家

教會等二十四席；而團結工聯擁有一百六十席，僅次於波共，成為波蘭國會最大的反對黨。由此以觀，團結工聯對爾後的波蘭政局，扮演著舉足輕重的角色，已具有左右政局的分量。

波共組閣步履維艱

過去，波蘭一院制國會，波共控制二百四十五席，超過半數，一黨獨大，可以隨心所欲，加上其傳統的聯盟統一農民黨和民主黨這二個小黨仍受其支配，所以每屆形式上的選舉，對波共來說，只是「例行公事」，不會有任何障礙。可是，這次經由自由選舉產生的二院制新國會，波共已失去了壟斷的優勢，加上波共領導階層推動與團結工聯和解政策，引發波共內部鬥爭，有眾叛親離之勢。最足以說明這項變化的事實，即是 1989 年 7 月 19 日總統選舉，本來波共及其聯盟在二院聯席會議中，控制三百席，而賈魯塞斯基獲得二百七十票，僅以一票之多勉強當選。這正顯示了波共及其聯盟的議員陣前倒戈，藉此表達對賈氏領導的改革不滿。

再者，根據波蘭新憲法的規定，部長會議主席（總理）由總統提名，於兩週內完成組閣。可是，甫獲提名出任總理的前內務部長基什恰克正面臨兩難局面：一方面敦促團結工聯共同組織聯合政府，卻遭拒絕；另一方面親波共的統一農民黨和民主黨亦表現得異常冷漠，不願熱衷支持，使得基氏的組閣遲遲無法實現。

蘇聯態度頗堪玩味

　　因得不到團結工聯的支持，內務部長基什恰克已於 1989 年 8 月 14 日宣布放棄組閣，表示願意支持統一農民黨主席出面組閣。前一週，當團結工聯領袖瓦文薩表明要與統一農民黨和民主黨合組「非共政府」時，已引起莫斯科的關切。蘇聯駐華沙大使立即會見統一農民黨和民主黨的主席，莫斯科已對波蘭出現的政治危機表示關切，認為「任何令波蘭動盪不安的局勢，對歐洲的安定均有不良的影響」。顯然地，這種訊息正意味著，波蘭的民主化進程仍有其上限。換言之，未來波蘭的政局發展，必須在這樣的架構下運作：第一，維持社會主義路線，不容擅自投靠西方或脫離華沙公約組織。第二，波共仍應保持指導地位，團結工聯在近程內，任何取代波共的企圖，都很可能出現反彈，而帶來一場災難。因此，團結工聯應知所進退，目前應安於扮演有力的反對黨角色，以加速波蘭的民主化為當務之急。

◆ 匈牙利

　　匈牙利於 1968 年，開始推動經濟改革，試圖以計劃經濟和市場經濟的功能相結合，擴大企業自主權，發揮價值規律和價格槓桿的積極作用，一時使得匈牙利的經濟發展展現活力，令人刮目相看。

匈牙利新經濟策略

1968 年起，時任匈共第一書記的卡達爾改弦更張，推動「新經濟策略」(New Economic Mechanism, NEM)，這是受蘇聯經濟學者李伯曼新經濟理論所影響。「新經濟策略」還談不上是走向自由企業，只是不再堅持傳統的制度而開始有所更張，且改革也必須得在不損害共產黨對經濟的高度掌控這點下進行。

「新經濟策略」要點如下：

・將生產計劃、工業投資和市場控制的責任，由中央轉移到地方，由地方轉移到企業經理人手中，由他們依照市場價格與需求來擬訂本身的計劃。

・物品價格採三重制 (Three Tiered Price System)，一為由政府規定的價格，二為訂有最高上限的價格，三為自由市場價格。其目的在逐漸開放，達到自由貿易。

・企業的主管人員，過去均由黨方上級派下，對生產事務毫不瞭解，現則改由學有專長的技術或管理專家擔任。

・企業或工廠在繳納稅捐及再投資之後所得的剩餘利潤，即以

獎金方式分配給工作人員，經理或廠長可獲比正常工資多出 80% 的獎金，專家可獲 50%，工人可獲 15%。

卡達爾所推動的「新經濟策略」雖促使匈牙利國內得以採取較偏向市場自由的經濟策略，某些商品價格甚至與全球市場同步，不過，也因為如此，在 1970 年代石油危機爆發時，匈牙利經濟便受到影響。至 1980 年代時，匈牙利國內通貨膨脹嚴重，對外債臺高築，經濟狀況惡化使人民質疑卡達爾的政策，要卡達爾下臺的呼聲愈來愈大。最終，卡達爾在 1988 年下臺。

　　不只在經濟改革上令人驚艷，匈牙利社會主義工人黨（以下簡稱匈共）在政治改革上也做出相當大的改變。1989 年秋，匈牙利一系列舉動皆引人側目：舉凡平反 1956 年納吉事件；重新評價 1968 年華約組織入侵捷克事件（即 1968 年捷克「布拉格之春」事件，匈共認為是一項錯誤，詳見本書第 72 頁）；開放奧、匈邊界，准許東德難民投奔自由；揭穿羅馬尼亞建議推翻波蘭非共政府的陰謀；議會決議取消在國徽上的「紅星」；在東歐共產黨書記會議上，因不同意公報上提及「復仇主義」和「新法西斯主義」（影射西德）拒絕簽字。種種舉動，在當時共產世界中誠是令人耳目一新，足堪玩味。

納吉事件

納吉 (Nagy Imre, 1896～1958) 出身貧農，曾短暫出任匈牙利總

理。1956 年 10 月 23 日晚間，一群匈國大學生在集會上推倒史達林雕像並抗議蘇聯干政，此舉吸引許多人聚集，匈國警察向集會群眾開火，引發抗議，史稱「十月事件」。此時納吉再度出任總理，試圖推動自由化，但隨即遭受蘇聯紅軍鎮壓，後納吉遭捕並被處決。

1989 年，匈共更宣布劃時代抉擇，放棄馬列主義，將原名「社會主義工人黨」改名為「社會黨」，正式轉型為民主開放國家。作為東歐轉型指標的國家之一，匈牙利「由上而下」的改革模式的確與其他東歐國家有很大的不同，匈共領導階層積極主動，勇於承認過去官僚體制阻礙進步。再者，匈國的政治體制改革，要比波蘭更徹底，總統直接直選、議會席次全部開放競選。無疑地，匈牙利開啟國際共產主義運動史上前所未有的先例，樹立東歐共產黨脫胎換骨的新典範。

匈牙利議會　為匈牙利首都布達佩斯著名地標之一，也是歐洲最古老的立法機構建築之一

東歐改革櫥窗
匈牙利再擴大改革門縫

【1988 年 12 月 2 日／洪茂雄】

　　把匈牙利稱之為「東歐改革的櫥窗」，主要的理由是，匈牙利從 1950 年代後期開始，以漸進的手段，逐步推動各項改革，過程穩健溫和，又能兼顧內外環境的因素，使得匈牙利在東歐獨樹一幟，非但沒有捷克和波蘭的不幸遭遇，還能持續推展進一步的改革。同時，匈牙利的改革進程，創下了許多共產黨集團未曾有過的先例。諸如：首創物價改革模式，突破教條主義和形式主義的限制，普遍採用競爭性的價格制度；首先採用加值型營業稅，通過新《公司法》，允許外資擁有 100% 的股權，私營企業可擁有五百人的員工；出現第一位非共產黨籍國家元首，並容許組織獨立工會。凡此種種現象都令人刮目相看，稱匈國是「改革第一」，實至名歸。

領導階層　別具特色

　　匈牙利社會主義工人黨（即匈共本名）於 1988 年 5 月 22 日通過領導層更動，使在位長達三十二年的卡達爾及其班底幾乎全部去職，由現年五十八歲的部長會議主席格羅斯出任匈共中央第一書記。匈共領導核心政治局，由原來的十三名裁減為十一名，更換八名卡達爾的親信。六個月之後，匈國內閣進行

改組，格羅斯辭去部長會議主席職務，專任匈共領導人職位，改由現年四十歲的聶梅特出任；而有匈牙利「經濟改革之父」之稱的經濟學家涅爾什，則膺任新內閣主管經濟事務的國務部長，使得匈國的領導班底，煥然一新。

綜觀匈牙利的新領導階層，有下列幾點特色：其一，領導階層年輕化，新的政治局成員，平均年齡為五十二歲，比卡達爾時代年輕十五歲以上。其二，經濟掛帥的內閣，新內閣首長聶梅特也是一名經濟學教授，與涅爾什搭檔，顯示匈國將繼續推動經濟改革。其三，有兩名女性出任匈共政治局委員，並對匈牙利社會多元化採取較為寬容態度，甚為難得。

卡達爾

卡達爾 (Kádár János, 1912～1989) 於 1956～1988 年任匈牙利社會主義工人黨的第一書記。1960 年代，卡達爾採取漸進方式，逐步推動經濟改革，使社會主義體制的沉疴稍有改善。1970 年代石油危機重創匈國，卡達爾漸進政策備受考驗，至 1980 年代，匈國要求卡達爾下臺的呼聲更為強烈，終使他在 1988 年下臺。

卡達爾

⟪⟫⟅ 格羅斯 ⟆⟪⟫

格羅斯 (Grósz Károly, 1930～1996) 1945 年加入匈共 ， 1988 年被選為黨中央總書記 。 1989 年匈牙利社工黨決定改建為社會黨，格羅斯不接受，因此職務遭解除，格羅斯後以政治理念不合為由退黨。

卡達爾與格羅斯　攝於 1986 年，左為卡達爾，右為格羅斯

經濟改革　持續推進

　　剛改組的新內閣重要成員涅爾什，時年六十四歲，是匈牙利 1960 年代經濟改革的重要策劃者。他在 1970 年代初期，由於受到捷克「布拉格之春」的衝擊，國內反對改革的保守勢力

抬頭，再加上來自克里姆林宮的壓力，迫使他於 1975 年退出匈共政治局，轉任科學院經濟研究所的顧問。1988 年 5 月，匈共領導層更替，他又復出，進入匈共權力核心。這次內閣改組，他再受重用，負責全國經濟事務，顯然意義不凡。代表匈牙利仍將持續推進「經改」，擴大改革的步伐。涅氏在 1983 年曾被禮聘至中國大陸講解匈牙利的改革經驗。

最近，匈牙利的「經改」，有了進一步的突破。新的《公司法》已獲國民議會表決通過，將在明年元月正式生效。新《公司法》鼓勵企業精神，准許小型民間企業最多可以僱用五百名員工（過去只有三十名），並允許公司出售股權給其他公司或民眾。匈牙利的司法部長曾坦率表示，投資致富，促進民間的資金流通，可能會導致貧富差距，但整個社會都蒙受其利。無疑地，這種改革將意識形態置於一旁，在東歐又開創新例，南斯拉夫也著手跟進。

政治改革　重大轉機

至於政治改革方面，匈共新領導人格羅斯已多次公開表明，政治改革與經濟改革一樣重要，密不可分，未來匈國的政治發展，不排除多黨制的可能。匈牙利的政治多元化趨勢，似乎愈見明朗。1988 年 11 月 26 日，一個號稱「小業」黨宣布成立，已有黨員一千人。這個組織發表宣言，要求政府舉行自由選舉，實行法治，正在擬訂的憲法應訴諸公民表決，同時要求匈牙利政治中立化。過去一年，已有一些團體化暗為明，宣告成立。

如「民主論壇」、「科學研究工作者民主聯盟」、環保團體等。這些團體的公開活動，已得到相當程度的寬容。

研議中的新憲法，根據匈共政治局成員波茲戈伊透露，準備在六個月內起草完畢的新憲法，將保證政治多元主義和人權，可望在 1990 年生效。據悉，這部新憲法將設立類似西歐國家的憲法法院和行政法院，俾落實法治。1988 年 12 月，匈牙利國民議會將進行有關「結社」的立法程序，允許人民有結社、組織團體的權利。不過，匈共當局一再強調，目前多元主義只容許在一黨的範圍內發展，籌組新政黨要在兩年以後，視環境的需要而定。由此以觀，匈牙利實行多黨制指日可待。

面臨困境　有待克服

總之，匈牙利的改革進程，的確予人耳目一新，在共產黨裡，能以穩健的步伐，推動政治改革，而不至於釀成大災難，如波蘭和捷克的遭遇，誠屬難得。可是，匈牙利並不因為改革順利，一切問題迎刃而解。事實上，當前匈牙利的困境依然存在。例如，背負外債沉重（有 90 億美元之多），國際收支失衡，境內已出現失業問題，匈、羅兩國不和，互逐外交官等等，這些都是極待克服的問題。

匈牙利革了共產黨的命

【1989 年 10 月 10 日／洪茂雄】

過去，國內研究者一直堅信，共產黨的本質不會改變。不過，證之波共和匈共的體質變化，則可開開眼界，修正一些共產黨問題專家的錯誤觀念了。

最近在東歐可以說變化多端，高潮迭起。在波蘭，團結工聯通過選舉，把波共趕下臺，組織東歐第一個「非共領導的政府」；在東德，大批青年人以「腳」投票，唾棄共產黨政權，踏上自由列車，投奔西德，使東柏林當局在炫耀建國四十週年之際，顏面盡失；而在匈牙利，共產黨人則勇敢站起來革「共產黨」的命，宣告共產主義壽終正寢，開共運史上先例，震撼世界！本文擬就匈共（即匈牙利社會主義工人黨）改頭換面的背景因素，及其所顯示的意義，略做評介。

匈共改名早有徵兆

提早半年召開的匈共「十四大」，於 1989 年 10 月 7 日，針對更改黨名問題，進行激烈辯論，隨後投票表決，結果在一千二百零二位出席代表中，有一千零五票的壓倒性多數，贊成把原名「社會主義工人黨」，易名「社會黨」，只有一百五十九名代表投反對票，三十八名代表棄權。在這次匈共全國代表大會上，為何會有這麼大的決心，要否定自己的黨，拋棄共產主義

那一套框框，而與過去歷史劃清界線？事實上，如果稍加觀察近一年來的匈牙利動向，這種發展已早有徵兆了。諸如，重新把 1848 年 3 月 15 日的匈牙利革命頒定為獨立紀念日，同時取消 11 月 7 日的布爾什維克革命紀念日；1989 年 6 月，平反1956 年匈牙利十月事件引發的納吉事件，洗刷「反革命」罪行，認定該次事件是「人民起義」，並訂 6 月 16 日為「和解日」；同年 9 月，議會決議，取消在匈國國徽上的「紅星」，而以第一位匈國國王聖伊斯特萬的皇冠取代。凡此舉措，都在在顯示，匈共領導階層，刻意擺脫共產主義色彩，以恢復匈牙利的真面目。

1956 年匈牙利十月事件時期，有坦克車開進位於布達佩斯的日格蒙德‧莫里茲圓環廣場

改換招牌關鍵因素

基本上，促使匈牙利共產黨改頭換面的因素，可歸納下列三點：

第一，匈共喪失民心，聲望跌入谷底。由於匈共長期統治，屢犯錯誤，官僚體系僵化，積弊已深，人民在失望之餘，有寄託反對黨的趨勢。再者，匈共黨員由 1985 年的八十七萬，1989 年 9 月降為七十萬餘人，據報導，當年年初以來，每個月平均有一萬人宣布退黨。

第二，為未來的選舉造勢。受到波共在大選中慘敗，以及匈牙利國會四次補選挫敗的教訓，匈共必須力挽狂瀾，否則將錯失繼續執政的機會。根據民意調查顯示，如果立即舉行選舉，匈共只能得到 30% 的票數，三個月後，則為 20% 左右，是個可怕的訊號。

第三，改革派得勢，推波助瀾。根據匈共黨員結構比例，工人佔 40%，農民約佔 20%。但在這次黨大會中，知識分子佔90%，工人則只佔 7%。顯然地，知識分子均懷有理想與抱負，勇於承認過去的錯誤，改革意志強烈，期盼能有所創新。

匈共廢黨意義深遠

此外，匈共順應民主潮流，樹立匈牙利新形象，也是其「改造」的誘因。無疑地，當前匈共改革派基於現實考慮，必須自求多福，唯有朝向西歐中間偏左的社會黨路線，才能廣結善緣，

獲得更多的經濟利益，而其東歐的盟友已無能為力，幫不上忙。

　　由此以觀，匈共革了自己的命，甘願放棄既得利益，歸向民主，其所顯示的意義為何？其一，證明共產主義已經破產，不能適應時代的潮流。誠如雷根所云，共產主義將成為歷史的灰燼。其二，要改革就得徹底，過去共產黨推動的改革幅度有限，績效不彰，例如匈牙利實行經濟改革已二十年，依然沒有辦法克服經濟困境。其三，證明「一黨專政」時代已告落幕，共產黨必須改變體質，否則無法與反對黨競爭。

　　過去，國內一直堅信，共產黨的本質不會改變。不過，證之波共和匈共的體質變化，則可開開眼界，修正一些共產黨問題專家的錯誤觀念了。

新黨隱憂有待克服

　　以「社會黨」新面貌展現在匈牙利人面前，是否就從此踏入坦途，可以迎接新生呢？看來這個社會黨仍然有其隱憂。首先，與過去的傳統是否真的一刀兩斷，就此拋棄共產黨的包袱，匈人對此依然存疑。其次，黨內強硬的保守分子心有不甘，已出現所謂「卡達爾協會」和「馬克思主義團結計劃」，勢將展開新一回合的鬥爭，社會黨的領導班底將增加新的變數。此外，匈共遺留下來的龐大財產，其法律上的繼承，也是一大棘手難題。這個由「國家政黨」轉變為「民主政黨」的新生兒，在東歐「社會主義大家庭」裡，是否會得到接納而不受排斥，值得關注。

◆ 羅馬尼亞

　　羅馬尼亞一直是東歐國家中最為保守且獨裁的國家，即使至 1980 年代，東歐各國改革風潮風起雲湧，羅馬尼亞也不為所動。

　　1974 年，獨裁者齊奧塞斯庫 (Nicolae Ceauşescu, 1918～1989) 成為羅國總統，他在位二十四年期間，實施威權統治，對付政敵手段毒辣，可說是史達林的忠實追隨者。齊氏擁有一支人數龐大、裝備精良的安全警察控制、監視人民活動，並禁止人民結社。在外交方面，齊奧塞斯庫走獨立自主路線與蘇聯保持距離，並與中國友好。

齊奧塞斯庫（右）從前任國會主席手中接過權杖，象徵他被羅馬尼亞共產黨選為總統

　　在他統治期間，羅國社會普遍貧困，但他卻過著與一般人迥異的奢侈生活，他在經濟上的腐敗無能也使羅馬尼亞出現危機。從實際上來看，齊氏統治期間，羅國人民生活條件極差、環境汙染嚴重、食物與電力分配不均。又因營養不良，兒童死亡率極高，大部分糧食與作物，被作為出口物資使用，國內的生活用品缺乏。在無穩定的生活品質與保障、自由又處處受限制的狀況下，終使羅馬尼亞於 1989 年爆發「十二月革命」。

　　十二月革命發生於 1989 年，起因為 12 月 21 日一場警察與匈牙利人的衝突，後竟轉變為全國反齊奧塞斯庫的抗爭。12 月 22 日，齊奧塞斯庫發布戒嚴令，但已無法控制局勢，全國抗議愈演愈烈。終於在 12 月 25 日，齊奧塞斯庫遭處決。十二月革命使齊氏下臺並終結羅馬尼亞的獨裁政權。對照其他東歐國家和平政權轉移的現象來說，羅國是除了前南斯拉夫外，唯一爆發流血衝突後才得以轉型的東歐國家。

戈巴契夫（右）於 1985 年會見齊奧塞斯庫（左）

羅馬尼亞十二月革命遊行場景

羅馬尼亞十二月革命的背景和意義

【1989 年 12 月 25 日／洪茂雄】

掌權長達二十四年的羅馬尼亞獨裁者齊奧塞斯庫，終於在 1989 年 12 月 22 日被推翻。這位在東歐獨樹一幟，標榜獨立自主的史達林主義者，在 1989 年 11 月 20 日，羅馬尼亞共黨召開「十四大」之時，在開幕儀式上鄭重表示，羅馬尼亞仍繼續堅守社會主義道路，否定了橫掃東歐的民主改革，絕不會讓資本主義越雷池一步。齊奧塞斯庫還信誓旦旦地宣稱，羅國「已取得重大勝利，並證明社會主義的力量」，他的政府絕對可以粉碎「帝國主義及反動勢力的任何行動」。可是，這些話似乎言猶在耳，僅僅四週的光景，羅馬尼亞的局勢卻大為改觀。由他建立起來的「齊氏王朝」，儘管實行鐵腕統治，其耳目遍及全國，控制極為森嚴，但仍然禁不起東歐民主化運動浪潮的衝擊，宣告瓦解。

齊氏倒臺主要因素

從羅馬尼亞的政治發展看來，導致齊奧塞斯庫政權崩潰的主因，大致可歸納下列三點因素：

其一，實行家族主義的極權統治模式。根據資料顯示，齊奧塞斯庫一家人約有四十名大員盤據黨政軍要職，如齊氏之妻

任第一副總理，其弟掌管三軍兼國防部副部長，其子擔任共青團第一書記兼青年部長。齊氏已屆七十一高齡，正有計劃地培植兒子接班，其妻政治野心甚強，喜歡搞個人崇拜，以「科學家」自詡。羅國在這樣家族主義氣息濃厚的情況下，自然容易引起廣大民眾的不滿。這種敢怒不敢言的民情，累積到一定程度後，一觸即發，不可收拾。再者，在這次「人民起義」的革命中，軍隊之所以放下武器，與民眾站在一起，也是由於許多中下級軍官，對齊氏家族主義統治的直接反彈。

其二，經濟問題每下愈況，民生凋敝。羅馬尼亞在東歐八個國家當中，經濟狀況算是最差的一個。齊氏為了償還外債，不肯向西方資本主義低頭。乃於 1989 年一口氣把 200 億美元的外債還清，但布加勒斯特當局這種打腫臉充胖子的作風，必須縮緊羅國人民的腰帶，節約第一，使得民生物資短缺，人民生活水平下降，加上冬天來到，能源使用處處限制，幾乎生活在匱乏與恐懼之中，人民當然怨聲四起，深惡痛絕。1987 年11 月，工人就因不堪生活煎熬，曾引發暴動事件。（指羅國西部城市蒂米什瓦拉的抗暴行動，雖然導火於祕密警察迫害教會牧師，引起共憤。其實，假若羅國的經濟條件沒有這樣惡劣，不至於很快蔓延到全國。）

其三，受到東歐民主化改革浪潮的影響。齊奧塞斯庫在羅共「十四大」的會議中，曾充滿信心表示，他有能力抗拒席捲東歐的改革洪流，「黨不能放棄革命責任，不能將歷史任務讓給另一股政治力量。」事實上，民主潮流是抵擋不住的，東德、

捷克和保加利亞不是也曾經試圖抗拒戈巴契夫的「改造」和「公開性」政策嗎？到頭來高級共產黨幹部還是得一一鞠躬下臺，甚至被開除黨籍，留下終身遺憾。

羅國革命顯示意義

由東歐國家的變革看來，波蘭出現東歐第一個「非共」領導的政府等了七年之久；匈牙利共產黨脫胎換骨，恢復共和，實施憲政花了一年五個月的時間；另外，東德、保加利亞和捷克則僅在一個月之內即發生「巨變」。如今，一向以地位鞏固自豪的齊奧塞斯庫，卻不到一週的時間即告垮臺。東歐這樣「加速度」的變化，到底顯示了什麼意義：

第一、史達林主義已窮途末路，以權威恐怖統治的方式，不再具有嚇阻作用。

第二、共產黨必須改變體質，適應民主潮流，否則將被淘汰。

第三、共產黨政權理性和平的轉移最符合全民利益，反之，則造成嚴重傷亡。

總之，齊奧塞斯庫政權被推翻後，羅國未來發展基本上會遵循其鄰邦的民主化方式，即承認政治多元化的事實，放棄共產黨「一黨專政」，舉行自由選舉，進而制訂一部新憲法。羅國的巨變，歐洲國家皆大歡喜。

§ 東德轉型的經驗

1945 年 7 月，美國、英國與蘇聯代表在波茨坦 (Potsdam) 召開會議，會中決定戰後由四強（美國、英國、法國與蘇聯）分區佔領德國與柏林，鑄下東西德分裂的命運。在二戰期間，蘇聯是美國與英國的盟友，一起聯手對抗納粹政權，不料，二戰結束之後，史達林 (Joseph Stalin, 1878～1953) 以共產黨為工具，控制東德等六個東歐國家，並企圖進一步赤化整個歐洲。在這種情況下，美國乃聯合資本主義國家共同抵抗蘇聯，以阻止蘇聯的赤化運動，於是形成美蘇兩大集團相互對峙的「冷戰」(Cold War) 局面，東西德也因此一分為二：東德與東柏林歸蘇聯控制，實行共產主義；西德與西柏林則由美國、英國與法國共管，實行資本主義。

在冷戰期間，東德在東德共產黨的嚴密控制下，成為忠誠的社會主義國家成員，政治上，與西德處於敵對狀態；經濟上，則維持有限度的往來，西德政府甚至還要求歐洲共同體（European Community; EC，即歐盟的前身）給予東德經濟援助，將東德視之為「歐洲共同體的地下會員國」，但是，這些來自西德與歐洲共同體的經濟援助卻只是杯水車薪，無法提振東德經濟，使得東德經濟嚴重落後西德，導致東德人民無限嚮往西德的富裕生活，造成一波又一波的逃亡潮。

雖然，蘇聯總書記赫魯雪夫 (Nikita Khrushchev, 1894～1971) 在 1961 年 8 月 13 日建築一道 160 多公里長的柏林圍

牆，仍然無法澆熄東德人民逃往西德的決心。直到戈巴契夫上臺，東歐民主化浪潮才吹進東德。當時位在東德的萊比錫尼古拉教堂 (Nikolaikirche in Leipzig) 發起「週一和平示威活動」，使教會頓時之間成為民主聖地；而龐大的東德難民潮，假道捷克逃往西德，給東德共產黨政權莫大壓力。

德國萊比錫尼古拉教堂　戈巴契夫上臺後，此教堂曾發起 「週一和平示威活動」，為當時民主聖地

在這種背景下，當時西德總理柯爾 (Helmut Kohl, 1930～2017) 遂與何內克、克倫茲等東德領導人展開兩德統一談判，東德與西德的再統一 (Re-unification) 終於露出曙光。最後，柏

林圍牆在 1989 年 11 月 9 日倒塌，1990 年 10 月 3 日東西德統一。東德五邦根據《西德基本法》(*Grundgesetz*) 第二十三條與西德合併，統一的德國於是誕生。

何內克

何內克 (Erich Honecker, 1912～1994) 於 1930 年加入德國共產黨，1971 年當選為黨中央委員會第一書記。執政期間促成《兩德基礎條約》締結，兩德各自承認對方主權。在兩德統一後，何內克逃亡國外，後被遣返回國，並因叛國罪與在冷戰期間殺害兩德邊境逃亡者的罪名遭到審判。

克倫茲

克倫茲 (Egon Krenz, 1937～) 於 1989 年擔任 「德國統一社會黨」總書記，也是最後一任總書記。兩德統一後，克倫茲因謀殺罪被判處六年半的徒刑，於 2003 年結束刑期。

東德難民潮的背景及意義：
東柏林政權已走到十字路口

【1989 年 9 月 18 日／洪茂雄】

　　1989 年夏天，東歐在陽光普照下，意外地掀起兩股旋風：其一，波蘭的民主化有重大突破；其二，東德大批難民潮湧向西德。這兩種出人意料的發展，的確震撼遐邇，成為新聞媒體爭相報導的焦點，深受世人關注。

　　前者，人民用「選票」反對共產黨，導致波蘭出現戰後以來第一個「非共」政府；後者，則是人民以「腳」唾棄共產黨，造成 1961 年柏林圍牆修建以來，最大的難民潮。波蘭和東德均自稱「社會主義國家」，同屬華約組織，但這兩個國家近期的演變，卻是那麼不相稱，實在不可思議！本文謹就東德大批難民轉往西德的背景因素，及其所顯示的意義，略作分析。

難民逃亡問題由來已久

　　東德的難民逃亡問題，由來已久，可以說自 1949 年 10 月，東德政權成立後即已存在，幾乎每年都有人想逃往西德，由於難民逃亡人數愈來愈多，東德共黨乃乾脆修一道柏林圍牆，以阻止難民的逃亡。儘管這道圍牆的確有效地阻礙了東德居民的逃亡（1949 年至 1961 年，共有二百六十八萬六千餘難民逃

紀念因翻越柏林圍牆而喪身人士的紀念碑

向西德，柏林圍牆修建後則有顯著的降低）。可是，這道圍牆很諷刺地標誌著「自由與奴役」鮮明的對比。共產黨企圖以鐵絲網隔絕德國人民之間的來往，但卻防不勝防，仍阻止不了人民投奔自由的決心，依然有成千上萬的東德人甘冒生命危險逃往西德。

1989 年 7、8 月間，東德人民試圖利用另一種方式，幾乎同時間闖入西德駐東柏林辦事處，以及布達佩斯和布拉格等地大使館，要求政治庇護，移居西德。由於館內人滿為患，迫使波昂（前西德政府所在地，位於萊茵河畔的城市）政府在一週之內，先後關閉了東柏林、布達佩斯和布拉格的大使館。或許真的「天無絕人之路」，因正逢匈牙利自由化之際，布達佩斯當局大開方便之門，使得東德人民沾上自由之光，獲益匪淺。

難民潮再度掀起的主因

　　根據西方官員的統計資料，1989 年 1 至 7 月，從東德順利進入西德境內（包括合法移民和逃亡者）的人數已超過六萬五千人，這是 1960 年代初期柏林圍牆建造之後最高記錄。奧地利官方公布的統計資料，現已有二萬三千餘東德人平安的通過奧、匈邊界，其中有一萬三千多人在 1989 年 9 月 10 日深夜，匈牙利開放邊界之後，順利過境，幾乎以每小時一百個人的速度，越過邊界轉往西德；另外一萬人是在此之前，逃亡成功。照理說，東德的國民平均所得是東歐國家之冠，又名列世界第十大工業國，何以會有那麼多的東德人當時願意離鄉背井，投向西方呢？究其原因，可歸納如下：

　　一、政治因素：東德政府在「改革與開放」進程遠遠落後於同屬社會主義陣營的波蘭和匈牙利，加上東德共產黨控制森嚴，排除異己，毫無政治自由可言。東德人民乃在這種絕望之餘，試圖通過各種可能管道，投奔自由。

　　二、國際因素：蘇聯、波蘭和匈牙利的民主發展，對東德人民起了很大的鼓舞作用。其中匈牙利的開放政策最具關鍵性的影響：第一，解除奧、匈邊界的嚴格管制，把三百公里的高壓電鐵絲網廢除，在 1989 年 8 月 19 日一次邊界「和平友誼」的慶祝大會上，即有六百六十一名東德人乘機越過邊界，順利投奔西德。第二，布達佩斯當局片面凍結二十年前與東德簽署的領事協定，認定「歐洲安全與合作會議」（簡稱歐安會）的赫

爾辛基最後文件（承認戰後歐洲領土的現狀及人權），比該協定更具效力，同時也把開放邊界視為匈國改革的一部分。匈國政府因而容許東德國民通過奧、匈邊界，不必西方的簽證，始釀成這次意外的難民潮。

歐洲安全與合作會議

現今「歐洲安全與合作組織」的前身，1975 年歐洲和美、加等三十五個國家，為緩和東西方冷戰並扮演溝通論壇所成立的一個組織，對促進歐洲穩定，乃至創造東歐政權得以和平轉移的條件貢獻良多。

　　三、西德因素：西德的《基本法》，只承認一個國籍，而不承認東德的國籍法。換言之，只要東德人進入西德境內，即為西德的國民。因此，經常有東德人在西德駐東歐國家的使領館，要求庇護，西德政府不得拒絕。再者，東德人民有 80% 觀看西德的電視節目，西德的富裕和民主對東德人來說，也是一大吸引力。

冷戰時期西柏林的過境簽章

東德共黨政權顏面無光

東德自以為政局穩定，經濟狀況不差，可不必仿效隔壁「鄰居」，「裝修門面，糊新的壁紙」。因此，東德的領導階層對戈巴契夫的「改造」和「公開性」政策不願跟進而予以迴避。可是，東柏林政府萬萬沒想到，這次突如其來的難民潮，卻充分暴露東德共黨政權正面臨重重危機，使其顏面盡失，無地自容。其所顯示的意義，至少有下列三點：

其一，東德共黨領導核心正醞釀調整。東德共黨總書記何內克已七十七高齡，此時傳出已染重病，政治局成員平均年齡為六十六歲，何氏周圍的親信也都年老體衰，呈現老化，接班人仍未明朗。據信，東德共黨內部很可能出現權力鬥爭。

其二，東歐國家的互動關係亮起紅燈。過去，東歐集團內彼此間都能密切合作，相互聲援。現在，彼此之間，在戈巴契夫所謂「社會主義建設多樣性」的鼓舞下，政治呈現多元化，已大有進展。目前，「人權與民主」概念已廣泛受到關切（如「歐安會」定期檢討）。因此，匈國乃基於「人道」理由，不願拒東德難民於千里之外，而肯定「開放」比華約盟友的關係更加重要。布達佩斯的態度，除了被東柏林指責為「干涉內政」外，羅馬尼亞和捷克也站在東德這邊，同聲抨擊。倒是波蘭支持匈牙利的「正義之舉」，而蘇聯老大哥表現謹慎，沒有過度反應，僅表示遺憾而已。

其三，東西德之間的關係陷入低潮。1987 年 9 月，東德領

袖何內克首度訪問波昂，使兩德關係正常化進入新的階段。唯兩德之間仍存在諸多問題，懸而未決，如主權、邊界、互設代表團和國籍等等。其中尤以國籍問題為雙邊關係的主要障礙。據估計，1989 年在東德境內，尚有一百多萬人有意移居西德，正等待東德當局的批准。這次的難民潮，絕大多數是訓練有素的年輕人（均在二、三十歲，有醫生、工程師和熟練技工），使東德勞力短缺更為嚴重。相反地，西德輕易地吸收一批生力軍，東德更感惱火。

改革與開放乃時代潮流

　　無疑地，東德難民潮多少對東西德的關係帶來一點緊張。不過，兩德之間的互動關係已相當制度化，在「條約政策」的運作下，彼此之間的互動均有一定的規範，此次難民危機對兩德關係之發展，不至於有太大的影響。畢竟東德在經濟方面有求於西德者甚多，而西德為了歐洲的穩定，以及東西方冷戰的緩和，亦不願意看到兩德關係緊張，傷害到與東德同胞的和睦。

　　東德在東歐改革與開放的浪潮衝擊下，將何去何從？其因應對策，不外乎兩種選擇：其一，在德、波和德、捷邊界，另築一道圍牆，阻止難民逃亡，以確保其統治。其二，順應潮流，至少與莫斯科同步推動政經改革，適度容忍反對聲音。前者，猶如一座大監獄，自毀形象；後者，才是正確之途，人民的希望。1989 年 9 月 11 日，東德已正式出現一個反對勢力──「新論壇」，其成員包括醫生、教授、學生等知識分子，要求與東德

政權對話，這會不會是東德共黨政權推動民主化的轉機呢？不妨拭目以待。

　　同年 10 月 7 日，是東德建國四十週年，莫斯科已宣布，戈巴契夫將親臨參加這個慶典。一般觀察家都抱著好奇的心理，兩週以後，東柏林會不會出現一個新面孔，向戈氏的「新政」看齊呢？

東德走向改革之路

【1989 年 10 月 30 日／洪茂雄】

在過去三週內，東德情勢的變化，如果稍微回顧一下東德的歷史，都是令人難以想像，怎麼會有這樣天壤之別的發展。眾所周知，東柏林共黨當局，其意識形態的僵硬與教條主義，比起阿爾巴尼亞毫無遜色，都以正統馬列主義自居。因此，當何內克下臺，克倫茲接棒之際，一般咸信，「蕭規曹隨」，東德的現行政策不會有什麼改變，東西德雙邊的德國人都不敢寄予厚望，認定何、克兩人是一丘之貉，不可能大刀闊斧進行改革。即使西歐各重要報紙的評論，也抱著不樂觀的看法，如倫敦《泰晤士報》評論稱：「東德的黨領導層已經贏得了時間，可是除此之外，一無所有」。慕尼黑《南德日報》指出：「東德共產黨正在為他的政治生存而掙扎」。

不過，從克倫茲就任東德共黨（正式名稱「統一社會黨」）總書記以來，在短短一、二週時間，東德境內卻連續出現極不尋常的舉動。諸如：

◆ 大規模的示威活動，由小規模的二、三千人，而上萬人，進而十二萬人（1989 年 10 月 16 日在萊比錫和德勒斯登），乃至三十萬人（10 月 23 日在萊比錫）。這種抗議性的和平示威是空前的，不但是量的劇增，而且還擴散到全東德各重要都市。同時，警察對這些示威遊行出乎意外，未進行干預。

◆ 新聞媒體改變過去一面倒的態度，也開始討論改革事宜，刊載讀者投書，對現階段領導階層的官僚習氣，提出批評，電視亦公開討論當前政策的不當。這顯示，群眾示威所要求的新聞自由，得到一定程度的回應。

◆ 獨立團體的成立，如「新論壇」（1989 年 9 月 11 日宣布成立）已能發揮其影響力，組織群眾進行抗爭；「新論壇」的代表並獲准出席匈牙利反對黨「民主論壇」的第二次代表大會（10 月 21 日）；另外，第一個非官方的獨立工會「改革」亦在東柏林誕生（10 月 23 日），提出工人有罷工權、旅行自由、取消共產黨幹部特權、改造經濟結構等要求。這種新局面顯然已經突破「禁區」，敢於向共產黨的權威挑戰。

◆ 東德共產黨內部改革力量抬頭。萊比錫和德勒斯登兩大城市可能是改革派的大本營，大規模的群眾示威首先在這兩個地方發難，要是沒有該地共產黨領導人的默許，其場面不可能有這麼前所未有的壯觀。再者，東德「人民議會」於 1989 年 10 月 24 日推選「國務委員會主席」（即國家元首）時，竟然有二十六票反對，二十六票棄權，這是絕無僅有的紀錄。過去四十年類似這種重要選舉，均是全體無異議通過。這也說明了東德共黨內部已有反對聲音，同時，在選舉前一天，也有數十萬民眾走上街頭示威，要求「黨政分家」，國家元首要獲得選民的同意。這也正顯示，東德人不再忍氣吞聲了。

　　由以上種種跡象看來，克倫茲所表態的「要進行改革」，是情勢所逼，而非心甘情願的。不過，一般比較關注的問題是，

克倫茲上臺之後，他的改革方向能夠走多遠？有無可能向波、匈兩國看齊呢？根據克氏連日來的言論，較為具體的改革措施，就是放寬旅行限制，其餘僅觸及到與社會各團體對話的層次，還提不出具體的措施。至於放寬旅行限制的辦法，還得要提交11月8日召開的共產黨中央全會討論，然後在年底提請議會立法。很明顯地，克倫茲另有企圖：第一，以時間換取空間，先口頭答應放寬旅行限制，一方面可緩和東德人民的不滿情緒，另一方面可疏解難民潮的擴大。第二，准許東德人民自由赴國外旅行，既可收攬民心，還可使東德國民的「國籍」合法化，不再予西德有「利誘」之機（西德不承認東德國籍法，只要東德人進入西德境內，即享有與西德人一樣的公民權），以此突破西德有關「國籍」問題的主張。

看來，克倫茲的確用心良苦，還抱一些希望，旅居他鄉的「東德客」，總會有人想回來。可是，此時約有一百五十萬東德居民，佔將近十分之一的東德人口準備移居國外，要是他們不想再回「祖國」，那不是一大冒險嗎？因此，基本上可以肯定的是，克倫茲所踏出的第一步改革，乃是治標的一些小環節，若在「不能動搖社會主義基礎」這種前提下，仍然有其限制；涉及治本的改革措施，還得仰仗東德民眾自求多福，好好學習「波蘭經驗」吧！

東德領導人更替背景與未來動向

【1989 年 10 月 30 日／洪茂雄】

　　1989 年 6 月 4 日北京「天安門事件」發生後，在所謂「社會主義世界」裡，共黨政權處理內部衝突，出現三種絕然迥異的方式。中共是採取武力手段，血腥鎮壓自己的同胞，過程粗暴，又不承認錯誤。匈牙利則順應民主潮流，採取和平方式，大刀闊斧進行體制改革，過程裡承認過去錯誤，並且還勇敢地揚棄了馬列主義教條。至於東德，則先採取鎮壓手段，然後軟化，繼之改組領導階層，同意與社會各階層對話，過程頂多呈現短暫緊張而已，沒有釀成悲劇。前二者，國內報章已有詳實評析，不再贅述。本文僅就東德共黨（即德國統一社會黨）領導人更換的背景，及其未來動向略作評介。

何內克下臺的主因

　　何內克自 1971 年就任東德共黨領導人，已達十八年之久。這位在東歐國家中算是保守強硬派的政治領袖，正當他的國家於 1989 年 10 月 7 日大肆慶祝建國四十週年之後不到兩週，何以突然宣布下臺？到底是哪些壓力，導致這位已屆七十七高齡的共產黨領袖去職？若從當時東歐情勢的演變，仔細加以觀察，不難了解何內克垮臺的主要因素。基本上，促使這位兼任東德

國家元首提早倒臺的原因，有其內外在因素。

　　就內在因素而言：其一，成千上萬的青年人以「腳」投票，踏上自由列車，投奔另一個祖國。這無疑給何內克當頭棒喝，「社會主義天堂」已喪失吸引力。其二，在東德慶祝國慶日之際，連續數日爆發大規模的街頭示威，尤其在 10 月 16 日分別在萊比錫和德勒斯登兩大城市，有十二萬人空前的抗議活動，比 1953 年的六一七事件要來得熱烈。東德人民已由「敢怒不敢言」，轉為採取和平抗爭行動，要求自由和改革。這也說明了東德人已忍無可忍。其三，來自共產黨內部的壓力。據西德的情報指出，東德十五個行政區的共產黨領導人，有十三人聯名要求何內克下臺，並改組中央委員會和政治局成員。本來外界一直認為，何內克的地位穩固，黨內領導階層幾乎難有所謂保守派和改革派之分。但現在已有人膽敢附和「時勢」，免遭連累。

何內克

多年掌政功過參半

　　就外在因素而言：其一，戈巴契夫的「改革風氣」已在東歐形成氣候，東德無法排拒這股改革浪潮，當戈氏參加東柏林的國慶大典時，已強烈地暗示，改革勢在必行，「遲疑自蒙其害」。其二，波蘭和匈牙利的民主化進程已有重大突破，「形勢比人強」，已喚醒東德人的覺悟，因而再度觸發了 1961 年柏林圍牆建造以來，最大一次難民危機。其三，來自西德的壓力。東德人有八成以上觀看西德的電視節目，1989 年 9 月間一批批的難民潮，湧向西德，有相當多的青年人就是從電視上得到訊息，臨時決定投奔自由的。再者，西德的新聞媒體天天大幅報導，要阻止難民的逃亡，唯一解決之道，即是加速進行改革。顯然地，波昂接納了大批的東德難民，使東西德關係緊張，亦對何內克的聲望帶來相當程度的傷害。

　　本來何內克訂於 1990 年提早召開「十二大」，屆時引退，萬沒料到受這些內外在因素的衝擊，迫使他提早一年鞠躬下臺。不過，客觀地回顧何氏過去十八年的政績，可謂功過參半，其最大的貢獻就是推動東西德關係正常化。1972 年 12 月，兩德正式簽訂《兩德基礎條約》，從此東西德之間的關係在「條約政策」的規範下，雙邊互動在穩定中發展，東德不但源源不斷地從西德得到數不盡的經濟利益，而且也打通外交上的坦途。至 1971 年為止，與東柏林有外交關係的國家只有二十九個，至 1989 年時，與東德建交的國家已達一百三十餘國，外交利益可

謂相當豐碩。至於「過」的方面，很明顯地，他晚年頑固保守，排斥改革，壓迫異己，不容許反對聲音存在，死抱馬列教條不放，導致經濟發展停滯不前。因此，違背時代潮流者，終遭潮流吞沒。

✿✿✿ 《兩德基礎條約》 ✿✿✿

東西德在簽訂此條約後，在美、俄等國承認下，各自加入聯合國。因此，此條約等於是承認東西德為不同政權的事實。

克倫茲上臺的背景

接替何內克職位的克倫茲，時年五十二歲（1937 年生），是政治局最年輕的成員。從他的經歷看來，與何氏如出一轍，兩人的宦途極為相近。何、克二氏均少年得志，領導過「德國自由青年聯盟」，三十歲獲選中央委員會委員（何氏三十四歲），四十六歲膺選政治局委員，進入權力核心，他們也先後負責國家安全事務的工作。由此以觀，馬上予人聯想到，克倫茲乃是何內克有意培植的接班人。

克倫茲

　　由於克倫茲支持中共鎮壓民運，1989 年「十一」（10 月 1 日）中共國慶時，他也率團參加慶典。加上他在 10 月 7 日下令驅散示威群眾，這些不良紀錄，一般咸信，克倫茲與何內克半斤八兩，好不了多少。因此，擁有廣大讀者的西德漢堡《圖片報》評論稱，克倫茲和何內克是一丘之貉，東德新領導人改革成功的機會幾乎等於零。9 月 11 日宣布成立的反對派 「新論壇」，對這位東德新秀未來的作為，也表示懷疑。這個已擁有二萬六千成員，來勢洶洶的反對勢力肯定地說，「沒有人相信他真的會推動必要的改革」。

改革道路顯露曙光

　　基本上，綜合歐洲輿論的看法，對克倫茲大體上可歸納三種不同態度：第一，過渡時期的人物，要等到明年召開黨大會，才能確定東德的改革方向，克倫茲性格並不影響改革。第二，是一位漸進的改革者，正逢壯年，比較富有改革思想，同時，也較可能受到戈巴契夫的影響。第三，仍然追隨何內克的路線，即使推行改革，其幅度也極有限。

　　從克倫茲上臺後的種種跡象看來，東德的改革進程，多少已顯露一些曙光。主要的論證包括：其一，克氏就任新職後，立即表明，過去領導階層所犯的錯誤，對東德共黨已造成相當程度的傷害，顯然有改過之心。其二，同意與社會各階層團體進行對話，交換改革之道，他走馬上任第一天，即主動與教會領袖會談，並到工廠會見工人。其三，政治局強硬派委員中，

主管經濟事務的米塔格，和主管宣傳事務的赫爾曼二人，已和
何內克同時退出政治局，這對克倫茲的改革活動空間較為有利，
多少排除了一些阻力。其四，決定放寬旅行限制，允許東德人
可以到國外旅行，同時，還歡迎已投奔西德的人，可以隨時返
國，並且得保留東德國籍。這種破釜沉舟的決心，頗令人感到
意外。因此，克倫茲新官上任，走和平改革的道路，並非不可
能。

小　結

　　自從東歐淪入鐵幕之後，儘管共產黨控制森嚴，各地卻仍然出現動盪不安的窘境。例如 1953 年，東德爆發六一七事件（一場由小規模罷工轉為大規模爭取民主化的示威遊行活動），1956 年波、匈兩國的自由化運動，1968 年捷克的「布拉格之春」，以及 1980 年波蘭團結工聯的自由化運動等，這在在顯示，東歐人民對共產黨統治強烈的不滿，不過，到了 1980 年代中期以後，東歐國家突然出現重大轉機：執政已長達四十餘年的波共，願與團結工聯進行會談；匈共決心拆下歷史悠久的招牌，換上格格不入的新「行號」；即使大權在握的東德共產黨領袖何內克，也禁不起難民潮和群眾示威的衝擊而垮臺，新的領導人不得不開出支票，承諾進行改革。另外，捷克、保加利亞、南斯拉夫和羅馬尼亞等國，也頻頻召開會議，商討因應對策，當時這種情勢的演變，究其原因可歸納為下列主要因素：

　　第一，經濟因素：東歐大多數國家，從 1950 年代開始，即進行不同程度的經濟改革，其中以南斯拉夫和匈牙利最積極。可是，改革結果卻是績效不彰，依然沒有辦法擺脫經濟困境。當時最困擾東歐社會主義國家的三大經濟難題就是：外債、通貨膨脹和經濟效率特別低。東歐外債總額已超過 1,000 億美元（其中波蘭 395 億美元、南斯拉夫 220 億美元），即使經濟條件最好的東德，也背負了 120 億美元的外債。至於通貨膨脹，南斯拉夫高達 1,200%，波蘭 500%，其餘也維持在二位數水平。

因此，共產黨上臺以來，一直把建設社會主義社會，編織成人間天堂，可是不到一、二十年的時間，在消費品短缺和高通貨膨脹這樣惡劣的情況下，人民自然要挺身而出，要求各項改革的聲音，此起彼落，藉以爭取市場經濟轉軌，來提升更多社會和經濟的自主空間。

　　第二，國際因素：推動東歐改革的另一個誘因，是來自莫斯科。很明顯地，要是沒有戈巴契夫帶頭改革，東歐政治基本上仍然突破不了「布里茲涅夫主義」的桎梏。當時戈巴契夫每次訪問東歐時，幾乎都一再表明兩點：其一，社會主義建設的多樣性，沒有什麼共同規律。其二，每一個國家可以選擇自己的社會主義道路，任何黨不能壟斷真理。因此，東歐國家的領導人，在戈氏這種「新政治思維」的啟示或鼓舞下，有了更大的活動空間，放心進行改革。

❧ 布里茲涅夫主義 ❧

即指任何共產國家，只能享有有限度的自由，否則就要受到共產集團的聯手制裁。

　　除此之外，東西方的互動關係、領導階層的特質，以及共產黨的腐敗，皆引發人民的不滿情緒，種種負面因素對東歐的民主化也具有激化作用。

　　從東歐八個國家民主化進程看來，基本上可以歸納三種不同的類型：

　　第一，積極改革型：如波蘭、匈牙利、南斯拉夫三國，最先接受政治多元化的事實。波、匈兩國最先承認多黨制民主、舉行自由選舉，並對新聞自由做相當程度的開放。南斯拉夫境內，如斯洛維尼亞共和國則已成立反對黨「民主聯盟」，並且直接選舉推派聯邦主席團代表，相較於其他國家，其民主化腳步也算快速。

　　第二，消極改革型：如東德、捷克和保加利亞，這三個國家對戈巴契夫的改革政策，始終持謹慎保留態度，不如波、匈兩國那麼積極。但最終在這些國家內也產生一些顯著的變化，如：東德更換年輕一代的領導人，境內反對派如「新論壇」和「社會民主黨」皆試圖爭取合法地位，使第一個非官方獨立工會得以誕生；捷克當局為平反「布拉格之春」事件而憂心；保加利亞的「生態開放」組織也膽敢公開活動。

　　第三，堅持史達林主義型：如羅馬尼亞和阿爾巴尼亞。長久以來，阿國採鎖國政策，鮮少與外界交往，但政策也漸受1980年代東歐改革浪潮影響而轉變，變得較為靈活。羅國則充滿家族主義氣息，羅共領袖齊奧塞斯庫曾一度試圖組織「反戈」聯盟，但他在東歐一直惡名昭彰，因此並未成功。另外，羅國政府當時深陷經濟危機，人民生活水平下降，這也促使羅國人民產生改革的要求。1989年，羅馬尼亞境內爆發著名的十二月革命，終於結束羅國長久以來的專制政權，邁向民主之路。

　　總而言之，東歐國家民主化的進程中，波、匈兩國走得最快、最為領先，由「一黨專政」轉向「多黨民主」，由中央指令

性的計劃經濟轉向自由市場經濟，由階級鬥爭轉向尊重人權和社會公道。波、匈的成功對其他東歐國家產生正面衝擊，後續各東歐國家陸陸續續改革，終使鐵幕倒下。

中 篇

戈巴契夫來了

前　言

戈巴契夫的改革新思維，使蘇聯共產黨漸漸喪失對內與對外的統治力，最終導致蘇聯的瓦解。

首先，戈巴契夫放棄共產黨專政，施行黨政分離的做法，讓共產黨既得利益者坐立難安；而蘇聯軍方的不滿更是戈氏領導的最大挑戰，1991 年 8 月 19 日由軍方策動的「八一九政變」，雖然沒有把戈巴契夫拉下臺，但戈氏權威已經受到嚴重傷害，因而埋下葉爾欽大膽篡位的種子。

其次，在戈巴契夫的「公開性」政策下，蘇聯境內十五個加盟共和國逐漸掀起獨立自主浪潮，希望脫離蘇聯成為獨立國家；而波羅的海三國的民族主義分子更首先發難，嚴厲抨擊1939 年史達林與希特勒的祕密交易，使波羅的海三國成為蘇聯的一部分，因此在民眾的支持下，成功脫離蘇聯；接著如骨牌效應般，引起其他加盟共和國紛紛求去，在這種情況下，戈巴契夫雖然擁有所有政治資源，但也無法阻止。

最後，東歐國家的民主化與向西方靠攏的傾向，更讓蘇聯共產黨的領導威信蕩然無存；悉知，戈巴契夫的「改造」與「公開性」政策是鼓舞東歐國家走向民主的主要因素，因此，國際社會給予戈巴契夫非常高的評價，但蘇聯保守派卻認為戈巴契夫是出賣蘇聯帝國領土的罪人，於是反對戈氏的勢力暗潮洶湧。

戈巴契夫曾經想以「新聯盟體制」來留住加盟共和國，以

維持蘇聯與共產世界的統一，但時勢比人強，龐大的獨立聲浪，已是無法阻擋。值此危急之際，戈巴契夫的老戰友謝瓦納茲卻因不滿戈巴契夫逐漸獨裁而辭去外長職位，這不僅讓戈巴契夫孤立無援，而且也顯示了蘇聯共黨大勢已去。最後這位蘇聯歷史上難得一見的改革巨人，還是被迫宣告投降，交出權柄，讓有七十四年歷史的「紅色帝國」在 1991 年 12 月 25 日正式劃下句點。

葉爾欽登上坦克車　1991 年 8 月 19 日，葉爾欽登上一輛坦克車，呼籲軍隊和人民反抗八一九政變

葉爾欽

葉爾欽 (Boris Yeltsin, 1931～2007)
於 1961 年加入蘇聯共產黨，1985 年
由戈巴契夫親自任命為蘇共莫斯科
市委第一書記。但 1987 年葉爾欽公
然批評戈氏的政策，被開除第一書
記的職務。葉爾欽在 1989 年以高票
當選蘇聯人民代表，且在隔年第一
次人民代表大會上被選為俄羅斯聯
邦最高蘇維埃主席，同年退出蘇共。
1991 年他當選俄羅斯首位民選總
統，共執政八年之久。

葉爾欽

謝瓦納茲

謝瓦納茲 (Eduard Shevardnadze,
1928～2014)，喬治亞人，曾任喬治
亞總統。戈巴契夫執政期間的外交
部長，在任內推動政治與經濟自由
化，並與西方維持良好關係，對東
歐民主化有很大貢獻，但最終因想
法與戈巴契夫欲維持共產世界的統
一有所出入，兩人產生分歧。

謝瓦納茲

§戈巴契夫的改革

　　戈巴契夫上臺之後，其所推行的「新政」，的確予人刮目相看。在 1986 年，蘇共召開「第二十七次蘇聯共產黨全國代表大會」時，戈巴契夫曾提出所謂的「新政治思維」，他認為，為適應當前世界局勢的巨大變化，必須要以新的眼光去面對某些理論觀點；同時，在做法上，拋棄老一套的實踐模式。這位蘇共領導人特別強調，要採取新的態度和新的方法，來處理國與國之間的互動關係。

　　在戈巴契夫「新政治思維」的指引下，蘇聯對社會主義國家採取新的姿態，公開表明尊重社會主義發展的多樣化。在戈巴契夫上臺前，蘇共唯我獨尊，一元領導，要求在國際共產主義運動中遵循共同的規律。但戈巴契夫體會到，各國共產黨在所有問題上，觀點的一致性是根本不可能做到的。顯然地，莫斯科已坦承，社會主義發展的多樣性，要仔細地面對整個社會主義集團的相互關係，開誠布公，彼此交換經驗，防止發生各社會主義國家之間的利益衝突，即使對最複雜的問題，也要尋找相互可以接受的解決辦法，任何黨都不能壟斷真理。

　　戈巴契夫的主張激發東歐國家進行政治與經濟的改革，更使許多東歐國家共產政權紛紛易主，除此之外，戈巴契夫的新政也引發其他問題，如：蘇聯盟國內民族主義盛行，民族問題不斷；蘇聯內部保守派的反彈與葉爾欽的步步進逼，皆迫使執意維持社會主義政權的戈巴契夫陷入困境。1991 年，蘇聯爆發

八一九政變後，時任蘇聯總統的戈巴契夫宣布辭職，並宣布將
國家權力轉交予俄羅斯總統葉爾欽，次日，稱霸將近半個世紀
的「紅色帝國」——蘇聯正式解體。

戈巴契夫　他所提出的「新政治思維」改變當時的世界局勢

東歐掀起戈巴契夫的 「改造」熱

【1988 年 6 月 3 日／洪茂雄】

　　蘇共領導人戈巴契夫於 1985 年 3 月上臺後，在短短的三年任內，由於大力推動「新政」，以「改造」與「公開」作號召，試圖進行全面改革，宣稱要使社會主義的優越性更具有吸引力。這位蘇共新一代領導人的確展現了相當的魅力，予人耳目一新，不但蘇聯境內開啟歷史上劃時代的一頁，而且對東歐國家也產生了積極的影響；本文擬就戈巴契夫的改革政策，在東歐國家所引發的回應，扼要做一剖析。

戈巴契夫的革新理念

　　基本上，戈巴契夫標榜的新政，是強調要用新的眼光去面對現實環境，排除老一套的實踐模式。同時，要以新的方法和新的態度去克服當前蘇聯境內的困境，以及處理國與國之間的互動關係。因此，戈巴契夫所帶動的新政，對內而言，以「改造」和「公開」作為指導原則，進行官僚體系的改革，實行幹部差額選舉，鼓勵批評，即所謂的「社會主義民主化」；對外而言，則揭櫫「新政治思維」，展開和平攻勢，以「共同安全」概念取代過去的「對等安全」概念，以「相互依賴」的理念取代過去「相互對抗」的理念。戈巴契夫的新作風，誠是不同凡響，

令人刮目相看。

　　戈巴契夫對東歐國家最具有震撼力的宣示，要算是 1987 年
4 月，他訪問布拉格時的演講。當時，戈巴契夫即直言不諱地
承認，東歐各國均有其特殊性，可根據本國的條件和方式，去
發展社會主義建設。克里姆林宮尊重彼此平等自主的地位，兄
弟黨有權決定其本國發展的道路，任何黨不能壟斷真理。這位
蘇共領導人在十九年前「布拉格之春」的誕生地，一反過去蘇
共領袖霸王的作風，直截了當地批評 1960 年代後期以來所表現
出的嚴重問題與停滯現象，對東歐國家的經濟和政治情勢之惰
性，頗不以為然。

東歐趕搭「改造」列車

　　儘管戈巴契夫宣稱，任何黨不能壟斷真理，其他兄弟黨也
不必完全抄襲莫斯科現行的「改造」措施，可是他卻堅信不移
地說，蘇聯此刻正展開的改革過程，是符合社會主義實質的。
言下之意，克里姆林宮的一舉一動，仍然具有啟發作用，即使
不是嚴格模仿蘇聯的「改造」模式，也得要富有革新的氣象。

　　戈巴契夫的此一宣言，隨即在東歐引起一陣一陣漣漪。波
蘭和匈牙利反應最積極，波蘭首先打破社會主義國家先例，於
1987 年 11 月，把經濟和政治兩大改革方案，提交公民表決，
雖然這兩個改革方案遭到否決，但波共當局仍然堅持進行改革，
並準備在 1988 年 6 月地方選舉中，首度實行差額選舉。匈牙利
也首創紀錄，自 1988 年度起，徵收綜合所得稅和加值營業稅，

是東歐國家當中最先進行賦稅改革。唯匈牙利依然陷入經濟困境中，人民對掌權達三十二年的匈共領導人卡達爾已失去信心，終於在 1988 年 5 月更迭領導階層，由現任部長會議主席的格羅斯接任社會主義工人黨中央第一書記，格氏僅年長戈巴契夫一歲，是戈巴契夫改造政策的積極追隨者。他信心十足，似乎可帶動匈國一股新氣象。而保加利亞也不甘落後，提出一套所謂「新社會主義」概念，雖然保共領導人日夫科夫已年屆七十七高齡，卻一點也不保守。他於 1988 年 2 月，正式在地方和城市選舉中，實行差額選舉；同時，對傳播媒介也放鬆檢查，可公開表達不同的意見，顯見與莫斯科相呼應。在東歐開啟改革的急先鋒──南斯拉夫，為解決現階段經濟上諸多難題，也不得不於 1988 年 5 月底召開黨特別代表大會，共商改革之道。南共主席團主席克魯尼奇即要求，將南國經濟快速轉為市場經濟，減少政府或黨對經濟的干預，試圖進行徹底的政治和經濟改革，這種改革步調似乎比其他東歐國家又超前一步了。

改革進程的共同特徵

至於捷克，1987 年 12 月，在位長達十八年的捷共總書記胡薩克終於下臺，改由負責經濟事務的政治局委員雅克什繼任。捷克在 1968 年的「布拉格之春」，曾一度站在東歐國家改革之路的最前面，同時進行政治和經濟的改革。可惜，當時捷共領導人杜布切克生不逢時，遭到布里茲涅夫無情的坦克鎮壓，使得「布拉格之春」只是曇花一現，沒有真正開花結果。目前，

捷克和羅馬尼亞、東德，改革的腳步最緩慢。東德的高級幹部
甚且說，東德的內部沒有什麼問題，不能因為鄰居糊牆壁紙，
也得要跟進！

～ 布拉格之春 ～

在捷克共產黨頑固保守的長期統治下，捷克各界，包含捷共內
部的自由分子、知識分子、經濟學者、文藝作家乃至工會領袖，
對於時任第一書記兼總統的諾沃提尼與捷共，普遍表示不滿，
發出反對的呼聲。此種反對浪潮，到 1968 年達到高潮。1968
年 1 月諾沃提尼辭去第一書記一職，改由溫和改革主義者杜布
切克繼任。杜布切克上任後，在民眾強力支持下，獨立傾向愈
益顯著，引起蘇聯的疑忌。捷共改革派領導人在蘇、捷兩國的
會談中拒絕蘇聯提出的要求 ， 促使蘇聯動用武力 ， 事件終在
1968 年 8 月蘇聯武裝入侵捷克才告終。

芬蘭民眾抗議布拉格之春時，蘇聯武裝入侵捷克之舉

布拉格之春時的場景　捷克人民高舉國旗的場景與背後遭燒毀的蘇聯坦克車

　　綜觀東歐國家的改革進程，大致可歸納下列三個特徵：

　　第一，都是因為陷入經濟困境，不得不進行改革。由於過去的經濟改革績效不彰，現在已體認到，在從事經濟改革之際，也必須進行政治改革，如幹部政策實行差額選舉，拔擢優秀管理人才，權力下放，促進工作效率。

　　第二，領導階層年輕化，向克里姆林宮看齊。東歐老一代的領導人，隨著胡薩克、卡達爾的相繼下臺之後，已由新一代的高級幹部接任。目前，東德的何內克（七十六歲）和保加利亞的日夫科夫，以及羅馬尼亞的齊奧塞斯庫（七十歲），均來日無多。羅共領導人齊奧塞斯庫雖然權力穩固，但身體狀況不佳，

據傳患有癌症，正在培植其家族接班（其子現任共青團第一書記，其妻任部長會議第一副主席）。

第三，自由化逐漸抬頭之勢。戈巴契夫的「改造」和「公開」政策，無疑地，不但有助於異議分子的活動，同時，對知識分子也起了莫大的鼓舞。莫斯科出現反對團體「民主聯盟」之後，布達佩斯的知識分子和科研工作者，隨即成立獨立工會「科學研究工作者民主聯盟」，已有一千餘人加入。波蘭的青年團體，由二十歲至三十歲青年所成立的「自由與和平」組織，也展開活動，高唱實行民主，保障人權和關心環境保護問題。捷克的《七七憲章》亦在積極的整合中。

共產主義的信仰危機

東歐社會主義國家，均標榜信奉馬列主義，其特色是實行中央計劃經濟、生產資料 (means of production) 公有、工業社會主義化、農業集體化、國民經濟按比例分配。在政治上，則是一黨專政，排除異己。戰後四十多年，東歐各國都實行過不同程度的改革，可是，仍然在馬列的框框裡頭打轉，儘管戈巴契夫所強調的是蘇聯式的多元主義，但畢竟是限制在一黨的範圍之內，與西方的社會多元化發展仍有相當大的距離。因此，已使東歐國家普遍面臨共產主義的信仰危機。

蘇聯各加盟共和國該何去何從

【1990 年 1 月 18 日／洪茂雄】

蘇聯各加盟共和國要想獨立自主並非易事。除非修改憲法條文，誠如戈氏所云，尋找可行的法律架構，否則蘇聯最高蘇維埃（指最高代表大會）是絕對不會通過的。

正當蘇聯境內民族主義高漲，民族間矛盾加深之際，人們不免要問，隨著東歐國家紛紛「求去」，擺脫了布里茲涅夫主義的桎梏，而尋回自我，邁向獨立民主的康莊大道。現在，會不會輪到蘇聯境內各加盟共和國，如法炮製，向東歐國家看齊呢？這個問題的確有必要加以明辨。

各加盟共和國背景複雜

蘇聯是一個多民族的國家，境內大大小小的民族多達一百七十餘個，其中最大的民族當然是俄羅斯族佔 51.8%，其次是烏克蘭佔 18.3%，再其次是烏茲別克佔 4%，其他民族在一百萬人口以上的，共有白俄羅斯、哈薩克、韃靼、亞塞拜然、亞美尼亞、喬治亞、摩爾多瓦、塔吉克、立陶宛、土庫曼、日耳曼、吉爾吉斯、猶太、楚瓦什、拉脫維亞、愛沙尼亞等二十餘個。由於蘇聯轄區遼闊，加盟分子的背景不一，其行政體系甚為複雜。蘇聯境內除了十五個加盟共和國之外，在某些較大的加盟共和國之下，設有自治共和國、自治州、邊疆區和自治區等；在較小的加盟共和國，則僅設鄉、村等行政單位。

　　基本上，蘇聯境內的十五個加盟共和國和一些自治共和國、自治州，是以民族分布情況為基礎，但每一個加盟共和國的居民，不一定是清一色的某一民族，可能還有原住民或其他少數民族。由於各民族宗教、信仰、歷史文化、生活習慣有所差異，因此很容易造成彼此間的矛盾和衝突。在共產黨極權統治下，尤其是史達林主義的恐怖陰霾，民族間的矛盾或衝突，或許可以嚴格控制，但等到稍稍放鬆，民族主義的情緒，就有可能一觸即發。

透明度揭開民族的矛盾

　　顯然地，當前蘇聯境內民族問題的突出，是深受戈巴契夫「公開性」政策的衝擊。各民族乃藉著「透明度」的啟發，導致民族主義情緒抬頭，試圖爭回往昔的地位和更多的自主性。根據此時期所發生的民族問題，可歸納下列兩種類型：

　　第一，歸併或分離型：蘇聯境內民族意識的抬頭，實令戈巴契夫感到意外。最凸顯民族問題的，如亞美尼亞族和亞塞拜然族的衝突，隸屬亞塞拜然共和國的納格爾諾卡拉巴赫自治州，絕大多數居民為亞美尼亞族，他們要求歸併亞美尼亞共和國，可是亞塞拜然共和國不肯讓步，彼此間的衝突愈演愈烈，已造成上百人死亡的慘劇，令莫斯科進退維谷，難以擺平。另外，喬治亞加盟共和國境內的阿布哈茲自治共和國，也想脫離喬治亞共和國，要求獨立自主。這種因民族歸併或分離的衝突，有升高趨勢，是戈氏開放政策下始料未及的棘手難題。

　　第二，傾向獨立自主型：在蘇聯少數民族中，表現最強烈獨立自主傾向的，莫過於波羅的海三小國——愛沙尼亞、拉脫維亞和立陶宛。這三小國建國已久，有自己的語言文化，在 1939 年 8 月 23 日，希特勒和史達林簽署祕密協定時，又被納入蘇聯的勢力範圍，戰後被蘇聯併吞，成為蘇聯十五個加盟共和國的成員。戈巴契夫就任蘇共領導人之後，由於他推動革命性的「改造」政策，鼓舞了這三小國獨立自主的強烈意願，試圖擺脫莫斯科的控制，紛紛採取獨立自主的措施——如恢復國歌和國旗、公開宣示蘇聯最高蘇維埃通過的一切有關立法，必須得到這三個共和國最高蘇維埃的批准，始告生效。波羅的海這三小國採取一致行動，迫使莫斯科當局做了相當程度的讓步。蘇聯最高蘇維埃已通過立法，給予這三個小國經濟自主權。

立陶宛的人鏈　在 1989 年波羅的海三小國的「波羅的海之路」示威運動中，群眾手牽著手，排成一鏈穿過三小國。此運動訴求為希望外界能關注他們欲追求脫離蘇聯、各自獨立的決心

愛沙尼亞國徽　愛沙尼亞為蘇聯解體後，少數展現強烈獨立傾向的國家之一。其國徽以金色為底，中間有三隻藍獅，外圍以橡樹枝條裝飾

獨立自主尚有重重障礙

　　最令戈巴契夫感到寢食難安的是，1989 年年底，立陶宛共產黨已宣布脫離蘇共，並實行多黨制，決心更上一層樓，恢復獨立主權國家。儘管戈氏專程走訪立陶宛首都維爾紐斯，試圖以政治手段說服立共，但其不為所動。緊隨著立陶宛的獨立運動，亞塞拜然和亞美尼亞之間的種族衝突，又互相火併，更尖銳化。莫斯科不得不宣布該地區進入緊急狀態，使得戈氏面臨的問題難上加難。

　　面對這樣層出不窮的民族問題，會不會導致這個世界第一個「社會主義帝國」分崩離析呢？根據蘇聯憲法第七十二條規定，「每一加盟共和國均保有退出蘇聯之權」，但如何退出沒有下文。第七十三條第十一、十二項規定，蘇聯最高政權和管理機關，「監督蘇聯憲法之遵行，保證各加盟共和國憲法與蘇聯憲法相符合」，「決定全聯盟意義之其他問題」。

　　依此看來，蘇聯各加盟共和國要想獨立自主，並非易事。除非修改憲法條文，誠如戈氏所云，尋找可行的法律架構，否則蘇聯最高蘇維埃是絕對不會通過的。因此，波羅的海三小國和亞塞拜然有意脫離蘇聯，另建伊斯蘭共和國；高加索地區的加盟共和國，試想獨立自主，這是痴人說夢，不太可能實現。

　　由此以觀，蘇聯十五個加盟共和國，完全不同於東歐國家，其獲得獨立的空間極為有限，不能與東歐主權國家相比擬。如果蘇聯採聯邦制，下放權力，似乎較為可行。

蘇聯將何去何從：戈巴契夫的關鍵時刻

【1990 年 11 月 17 日／洪茂雄】

　　自從 1989 年蘇聯邁向社會和政治多元化之後，這個在七十三年前建立起來的世界上第一個社會主義「紅色帝國」，面臨瓦解的命運。最足以證明此項事實者，可歸納下列三點，扼要說明：

　　第一，民族主義抬頭，各加盟共和國分離傾向日益強烈。蘇聯境內十五個加盟共和國中已有十四個的立法機關——最高蘇維埃，正式通過決議，宣稱中央政府頒布的法令，未經共和國議會認可，不予生效。另外，在數個共和國內部還有二十個自治共和國，亦蠢蠢欲動，如法炮製，各自為政。這無異反映了這個有七十年歷史的蘇維埃帝國形同解體。

　　第二，經濟改革遲遲無法落實。中央與地方的經改計劃步調不一，績效不彰，民生物資短缺，人民怨聲載道，罷工事件頻傳，因而謠言滿天飛，通貨膨脹、失業、暴力事件、饑荒等等接連頻傳，弄得人心惶惶。

　　第三，政治紛爭不停，中央與地方爭權奪利，矛盾加深。儘管戈巴契夫大刀闊斧推動政治改革，放棄「一黨專政」，使黨政分離，但在權力中心移轉過程，難免出現無力感。在各加盟

共和國要求獨立主權之際,「人民代表大會」最高蘇維埃所通過的法律,形同具文,難以貫徹實行。即使最高蘇維埃授權給戈巴契夫總統的特權,也面臨挑戰。蘇聯最大的加盟成員——俄羅斯共和國的主席葉爾欽,就敢挺身抗命,向戈氏攤牌。

上述的發展,都是戈巴契夫倡導「改造」和「公開性」政策時,欲圖扭轉蘇聯長久沉疴,所始料未及的。戈氏面對這些棘手難題,乃提出所謂《新聯盟條約》的構想,試圖通過新的聯盟關係,以挽救即將分崩離析的蘇聯國體。根據該項條約的草案,其主要架構為:

◆ 劃清中央與地方的權限,中央政府負責國防、外交、財政、交通運輸、能源、環保等部門的行政管理事務。

◆ 提升各加盟成員為「主權共和國」,在一定的形式條件下,得加入或退出聯盟,各加盟共和國有權參與中央政府的重大決策。

◆ 成立「經濟委員會」,由各加盟共和國代表組成,俾統一經濟改革步調,中央政府不再壟斷經濟大權,各加盟共和國的經濟自主權增強,其地位與總統委員會平行。

從蘇聯境內種種事態的發展看來,《新聯盟條約》不見得能解決當前瀕臨解體的危機。此時此刻,戈巴契夫欲克服其領導危機,其關鍵所在,即戈、葉二氏能否攜手合作,共渡難關。比較理性的看法,戈、葉兩人有妥協的理由,畢竟他們的改革路線相同,僅是有溫和與激進之別。再者,葉爾欽似乎已體認到,維持一個強大的蘇聯,是有必要的,與戈氏的合作,無疑

地，「合則兩利，分則兩害」。不然，把戈巴契夫拖垮，不但得不到外援，而且誰能來收拾這個爛攤子。

　　不過，可以肯定的是，擬議中的《新聯盟條約》，將更改國號和國歌。「蘇聯」和「蘇聯人」這兩個概念，或將成為歷史名詞。

謝瓦納茲辭職原因與對蘇聯政局影響

【1990 年 12 月 21 日╱洪茂雄】

蘇聯外交部長謝瓦納茲在蘇聯人代大會中突然宣布辭去外長職務，此一消息震驚全球，究竟謝瓦納茲為何於此時主動求去，其辭職對戈巴契夫會有何影響，特別是在推動其國內政經改革工作上會產生哪些影響，自是令舉世極為關切，而未來將由誰來遞補其職位，亦引人注目。

不滿戈氏可能走向獨裁

謝瓦納茲的辭職對蘇聯總統戈巴契夫是一重大打擊，因為兩人搭配一直非常好，戈巴契夫對他相當信任及器重，正當戈巴契夫在國內遭逢經濟危機，以及面臨保守派抗拒之際，謝瓦納茲突然求去，不但對戈巴契夫是一項打擊，也可能增加其政治危機。

謝瓦納茲對保守勢力一向很不滿，保守勢力對其批評謾罵，使他感到憤怒，目前保守勢力仍在，再加上戈巴契夫欲集大權於一身，極可能走向獨裁，雖然戈巴契夫這樣做亦是迫於環境，但謝瓦納茲對走上獨裁之路極為不滿，戈、謝兩人本來志同道合，推動蘇聯國內各項改革，沒想到會有今天這樣的發展，因此主動求去。

基於民族情感自動求去

　　其次，其辭職也可能是基於民族情感，謝瓦納茲是喬治亞人（曾任蘇聯喬治亞共和國黨主席），在喬治亞時政績斐然，受到戈巴契夫的賞識並提拔出任外交部長，但是現在喬治亞共和國有動亂並要求獨立，而且戈巴契夫曾說若喬治亞繼續動亂，他將宣布進入緊急狀態，謝瓦納茲可能承受來自其家鄉的壓力，或者基於民族情感，不能一味配合戈巴契夫的作為，屆時若戈巴契夫要以武力對付喬治亞人，則謝瓦納茲將如何自處？在民族感情上自然於心不忍，這也可能是他辭職的原因之一。

謝瓦納茲（右）於 1987 年與當時美國國務卿的握手合照

戈氏頓失外交左右手

　　謝瓦納茲辭職無疑是使戈巴契夫失去左右手，尤其戈巴契夫目前大難當頭，此時突然求去，戈巴契夫當然措手不及。而且謝瓦納茲多年來已與西方國家建立良好的友誼關係，這種友誼基礎的建立非常重要，要另找一個人來填補謝瓦納茲的位子並不容易，此外，西方國家也可能認為既然謝瓦納茲已辭職，而對戈巴契夫推動改革政策的決心產生疑慮。

　　謝瓦納茲的辭職對蘇聯未來外交政策不至於有所改變，只是未來外交部長人選是否能如謝瓦納茲那般受到西方國家的歡迎與信任，這仍有待觀察。

建立新聯盟　長路仍漫漫

利益相依　戈氏提案獲支持
衝突未消　諸多難題待解

【1991 年 3 月 20 日／洪茂雄】

　　戈巴契夫在 1990 年 6 月提出以「社會主義主權國家聯盟」取代「蘇維埃社會主義共和國聯盟」，強調新聯盟將會是由主權國家所組成，各國皆享有充分主權。明顯地，戈巴契夫提出此提案，是為防止蘇聯下各加盟共和國成員脫離蘇聯。

　　今年 3 月 17 日，蘇聯舉行公投確保是否保留聯盟，雖然目前蘇聯這次公民表決最後結果尚未揭曉，但從陸續發表的結果來看，平均有八成以上民眾支持戈巴契夫的提案，這不僅代表戈氏本人的勝利，也意味他所提的新聯盟體制獲得選民認同。

　　分析戈巴契夫的提案得到多數蘇聯公民的支持，可歸納理由如下：

◆ 維持一個強大的蘇聯體制對各加盟共和國仍極具吸引力，選民認為若蘇聯四分五裂，則將喪失作為一個超級大國的機會。

◆ 各共和國之間密切的經濟依存關係已維持了七十多年，如果蘇聯解體，勢必影響它們的經濟發展。

◆ 蘇共仍是大權在握，控制所有政經資源，並藉此吸引選民投

票。

◆ 《新聯盟條約》中規定，讓各共和國享有更多自主權，對大
多數加盟國而言，這個條件比原來更好。

◆ 戈巴契夫的開放政策，使人民擁有更多自由，人權亦更有保
障。儘管蘇聯內部政經情勢不穩，但戈巴契夫的政策仍獲選
民肯定。

值得密切注意的是，戈巴契夫是否會因這次獲得支持，促
使他對揚言獨立的六共和國（亞美尼亞、愛沙尼亞、喬治亞、
拉脫維亞、立陶宛、摩爾達維亞）採取強硬手段。這次的公民
投票只是表達蘇聯民眾對未來新聯盟的態度而已，戈巴契夫仍
有許多急待克服的問題：

◆ 與葉爾欽之間的權力鬥爭將更加白熱化。由於未來葉爾欽極
可能被推選為俄羅斯共和國境內第一任民選總統，他將具有
更合法之權力基礎，對戈巴契夫形成更大的挑戰。

◆ 分離主義問題並不會因公民投票的結果而獲得解決。

◆ 軍方和保守勢力仍為戈巴契夫民主改革的阻力，如果戈氏未
能阻止分離主義運動和控制國內政情，仍有下臺的可能。

◆ 蘇聯日益嚴重的經濟問題。

總之，戈巴契夫要挽回舊有體制已不可能，但建立新聯盟
架構仍有漫長的路要走。

葉爾欽　任重道遠

【1991 年 6 月 16 日／洪茂雄】

以激進改革鮮明姿態，角逐俄羅斯共和國首屆普選總統的葉爾欽，終於如願以償贏得壓倒性勝利，榮登蘇聯最大共和國的第一任總統寶座。這位極具劇戲性的蘇聯重量級改革者，可謂是「時勢造英雄」型的政治領袖。

他因戈巴契夫的「公開性」政策，得到一個「造勢」的客觀發展空間，以及為現階段蘇聯社會的動盪不安提供一個求新「變法」的主觀條件。換言之，葉爾欽的崛起，因戈巴契夫的提拔始有機會進入蘇共權力核心；同時，葉氏也由此認清，蘇共是當前蘇聯推動改革的最大障礙，不惜與戈氏翻臉，分道揚鑣，開創自己的天下。

無論如何，葉爾欽在 1991 年 6 月 12 日舉世注目的俄羅斯首次普選中，能夠脫穎而出，至少反映了以下三點意義：

其一，共產黨完全喪失民心。儘管蘇共至今仍控制大部分的政治資源，但民意歸向，共產黨已無能為力扭轉變局。尤其以蘇聯國父命名的十月革命發源地列寧格勒，竟然獲絕大多數公民的贊同，恢復聖彼得堡原名，更可證明俄羅斯人民對共產黨的厭惡。

其二，葉氏的決定性勝利，顯示選民對改革的強烈意願。

戈氏領導的改革政策，搖擺不定，令人失望，人民只好寄望葉氏大刀闊斧的改革。

其三，葉爾欽的權力基礎來自廣大群眾支持，非如過去共產黨內部的「私相授受」，聽從總書記的指揮。這將會是一股強大的改革力量，可迫使戈巴契夫抓緊改革方向，不至於投靠保守勢力。

雖然葉爾欽憑其實力順利當選擁有一億四千萬人口的共和國總統，不過，他在未來五年內任重道遠，諸如：如何完善私有化的難題，有七十餘年根深柢固的共產黨官僚體系如何排解？境內有多個自治共和國、自治州和民族自治區等也存在著民族矛盾和獨立自主傾向，以及戈、葉之間如何建立共識，攜手合作，抑或新一回合的權力鬥爭。凡此種種，都是他面臨到的棘手課題。

歐洲共產黨日薄西山

【2002 年 6 月 26 日／洪茂雄】

　　共產主義的幽靈在歐洲上空，屈指一數，已徘徊了一個半世紀之久。雖然標榜共產主義起家的共產黨於過去一百年當中頗多斬獲，如 1917 年在俄羅斯土地上建立世界上第一個社會主義國家，第二次世界大戰之後，東歐淪入鐵幕，和中國也隨之被赤化等等。但歷史經驗證明「實踐檢驗真理」的法則，正當二十世紀即將結束的最後十年，東歐國家和蘇聯由共產黨長期「一黨專政」的格局，遂告壽終正寢；共產黨所編織的「人間天堂」不但幻滅，而且國際共產主義運動也分崩離析，面目全非，東歐各國幾乎所有昔日奉行馬列主義的政黨改弦易轍，更名社會民主黨或社會黨，採行「中間偏左」路線，而創造東歐民主社會新的里程。

　　東歐國家唯一「碩果」僅存，仍堅持沿用共產黨名稱的捷克，在捷克走向民主化十多年來，歷經四次國會大選的考驗，戰後長期仰仗憲法保障條款的絕對優勢，業已江水東

馬克思　馬克思提出理論為共產主義的基礎

流，一去不復返。捷克自 1990 年實行自由選舉以來，歷經國會四次改選，由往昔的一黨獨大落居第三大黨，得票率僅能在一成左右擺盪，充當次要的反對黨角色。

再看看曾是歐共主義三大支柱之一的法共（另外兩個是義共和西共），在戰後第四共和時代，有過輝煌紀錄，名列法國第一大黨。1958 年以後，法國進入第五共和，法共的勢力一直延續到 1970 年代，雖聲勢大不如前，但仍維持大黨地位，如1967 年、1973 年和 1978 年分別在國民議會贏得七十三席、七十二席和八十一席，均有超過兩成得票率的實力。至 1980 年代之後，法共開始走下坡，有每況愈下之勢。如 1981 年以來歷屆總統大選，法共候選人從 1981 年的 15% 得票率，到 2002 年的總統大選跌到谷底，僅得 3.4%；在國民議會的席次，由 1981年的四十四席，至 2002 年的大選只剩下二十一席，這二十年來的得票率，從兩成滑落至一成上下，萎縮到空前的谷底，連黨主席都慘遭滑鐵盧。

反觀東歐某些前共產黨，如波蘭、匈牙利，只要共產黨痛定思痛，改弦更張，更改黨名，學習西歐社會民主黨或社會黨所採取的「社會民主」路線，均能東山再起，重新執政。波蘭和匈牙利的前共產黨，在 2001～2005 年的國會大選中，又贏得選民的支持，再度當政，即為明證。

同樣地，曾是西方民主國家當中最大的共產黨──義共，於 1991 年隨著東歐各國共產黨的蛻變，並改名為「左派民主黨」，仍可保持一定的實力，於上一屆義大利內閣成為聯合政府

要角。

　　準此以觀，國際共產主義運動發展迄今，從東歐共產黨變革的經驗，基本上可獲致如下結論：其一、共產黨依舊奉行馬列主義，我行我素，難逃遭人民唾棄的厄運；其二、凡是共產黨勇於拋棄歷史包袱，決心蛻變，融入世界主流價值，改頭換面後，仍然可以獲得選民信任，有東山再起的機會。

§ 兩德統一進程

東德共產黨領導人何內克因不敵 1989 年 8、9 月大批難民逃亡潮的壓力，於 1989 年 10 月 18 日被迫下臺，由年僅五十二歲的克倫茲取而代之，從而開始東德政經改革之門。繼該年 11 月 9 日柏林圍牆倒塌之後，東德於 12 月 1 日宣布放棄共產黨專政地位，使東德政局邁入新境界；誰也料想不到，在短短一個半月內，東德竟然發生如此巨大改變。1990 年 3 月 18 日東德舉行自由選舉，主張經由《西德基本法》第二十三條，快速完成德國統一的基督民主聯盟獲得勝利，新總理德邁契耶爾 (Lothar de Maiziere, 1940～　) 採取同於西德總理柯爾的統一路線，使統一工作更加順暢，至此德國再統一已呈現出一種不可逆轉的態勢。

頓時之間，兩德境內與國際社會都瀰漫著德國統一問題：首先，東西德政府積極談判未來貨幣、經濟與社會融合問題，其中重中之重的問題是「如何避免統一後，東德人民變成二等公民」，於是柯爾政府慷慨答應「東德馬克與西德馬克，將以一比一方式兌換」，因而大幅減少東德人民淪為二等公民的心理障礙，但這也埋下未來財政沉重負擔的種子。因為當時財經專家對東、西德馬克的匯率是精算在四比一，換句話說，柯爾政府用四倍的錢換來兩德統一；因此，1990 年 7 月 1 日東西德間的《貨幣、經濟與社會聯盟條約》 (*Währungs-, Wirtschafts- und Sozialunion Vertrag*) 生效，從這天起，東德開始調整各項法令，

以符合西德的法律規定。其次，柯爾政府也和美、英、法、蘇四強談判兩德統一事宜，基本上當時的美國大布希政府與蘇聯戈巴契夫政府都贊同兩德統一，而英國首相柴契爾夫人 (Margaret Thatcher, 1925～2013) 與法國總統密特朗 (Francois Mitterrand, 1916～1996) 則以統一後的德國必須留在北約，以及德國必須放棄馬克、推行歐元為條件，同意兩德統一；1990 年 9 月 12 日東、西德與美、英、法、蘇於莫斯科簽署《2+4 條約》(Zwei-Plus-Vier-Vertrag)，美、英、法、蘇四強同意兩德統一。在四強同意之下，東西德政府簽訂《統一條約》(Einigungsvertrag)，1990 年 10 月 3 日《統一條約》正式生效，前東德五個邦和東柏林併入西德，原西德法律適用於全德國，統一的德國正式誕生，10 月 3 日成為德國國慶日。

2+4 條約

1989 年柏林圍牆倒塌後，美、英、法與蘇聯四個佔領國遂與兩德進行「2+4 談判」，最後在 1990 年於莫斯科簽署《2+4 條約》，四國同意放棄在德國與柏林的特權，而東西德同意「統後的德國不擁有核生化武器，軍隊不超過三十七萬人，德波邊界不改變」。兩德於 1990 年 10 月 3 日完成統一。

東西德統一問題面面觀

【1990 年 2 月 21 日／洪茂雄】

　　過去二十年，儘管西德仍堅持「德國再統一」的目標，使出渾身解數，試圖拉近兩德距離，但東德則「我行我素」，毫不理會。

東西德統一問題面面觀

　　自從 1989 年秋天東歐國家發生蛻變以來，東西德之間的關係可謂高潮迭起，變化莫測，兩德的統一進程出乎意料地快步前進。在本週內又傳出兩項重大突破：其一，北大西洋公約組織和華沙公約組織兩大軍事集團的外長在渥太華達成共識，提出所謂的「2+4」方案，較具體地勾畫出德國再統一的步驟；其二，東西德在波昂舉行高峰會議，同意成立一個專家委員會，以協商共同貨幣問題，俾為未來統一鋪平道路。由此以觀，德國的統一問題已不再是過去波昂政府的一廂情願，其統一的內外在條件正在迅速結合之中。

北大西洋公約組織

北大西洋公約組織（North Atlantic Treaty Organization; NATO，簡稱北約），為冷戰時期非共產國家所成立的軍事同盟，創始國為美國、加拿大、比利時、法國、盧森堡、荷蘭、英國、丹麥、

挪威、冰島、葡萄牙和義大利，1950 年代陸續加入希臘、土耳其、西德。

華沙公約組織

華沙公約組織（Warsaw Treaty Organization，簡稱華約），由蘇聯主導，為反制北大西洋公約組織的對立集團，由蘇聯召集阿爾巴尼亞、保加利亞、捷克斯洛伐克、東德、匈牙利、波蘭、羅馬尼亞等國組成。

兩德互動空前頻繁

1949 年東西德正式分裂之後，四十年來，雙方的關係由 1950、1960 年代的對抗關係，至 1970 年代才轉向緩和關係。1972 年 12 月，波昂和東柏林正式簽訂《兩德基礎條約》，雙方在「條約政策」的規範下，始有正常化的發展。過去二十年，儘管西德仍堅持「德國再統一」的目標，使出渾身解數，試圖拉近兩德距離，但東德則「我行我素」，毫不理會。不過，東西德的互動關係已制度化，基本上尚稱穩定。因此，統一德國的前景一直被視為遙不可及，難有指望。

等到 1989 年 11 月 9 日，修建二十八年的柏林圍牆突然開放之後，兩德的互動關係立刻急轉直下，展現空前的熱絡。雙方不但人民的互訪劇增，而且政府間的接觸也轉趨頻繁，其中最受矚目者，即雙邊同質性的政黨已開始攜手合作，結為兄弟

黨，如西德社民黨大力支援東德的社民黨，西德的基民黨則支持東德的「德國聯盟」（由三個中間偏右小黨聯合組成）；西德黨政界要人（包括總理、黨魁）頻頻在東德為其盟友助陣，期望在 1990 年 3 月 18 日，東德四十年來首次的自由大選中有所斬獲，而有助於未來的統一。

兩德邊界告示牌　現今兩德邊界的告示牌上寫著：「在此處，德國與歐洲曾處於分裂狀態，直至 1989 年 12 月 10 日上午 10 時 15 分」

統一變數互有消長

由於德國的再統一攸關戰後所建立的秩序結構，並不是只靠德國人可以克服的單純問題。基本上，德國統一的變數，不外乎在美蘇兩強的態度、歐洲鄰邦的顧慮、東德政府的意向以及兩德人民的統一意願等。過去，莫斯科和東柏林均異口同聲表示，德國統一是不現實的，應該承認戰後疆界與現狀；西方

國家也以「維持一個和平穩定的歐洲」為重，不願輕言幫助德國再統一，而破壞戰後歐洲的秩序。在這種情況下，德國人民不得不面對現實，只好默默耕耘加強雙邊的特殊關係。可是，時來運轉，隨著東歐的巨變和東西方關係的改善，莫斯科已改變態度，由歐洲人民公決改口稱，「德國統一的方式和步調，由德國人民自行決定」；由東德共黨改頭換面的「民主社會主義黨」，一反過去的立場，順應民情，不再抗拒統一的要求。東西德人民在這種客觀環境的演變下，其對德國統一的意願，亦顯著地改變。根據最近民意調查顯示，西德有八成民眾贊成統一，東德則由兩成直線上升為六成。

兩德統一障礙猶在

顯然地，德國統一的內外在條件已有重大突破。1990 年在渥太華召開的北約和華約二十三國外長會議，所研擬「2+4」方案，即分兩階段進行。首先由東西德針對當前經濟、社會和政治等方面問題共同協商。其後，東西德再與美、英、法、蘇等四國談判，討論德國統一後對歐洲情勢的影響。第一階段在 1990 年 3 月 18 日東德大選後舉行，波昂政府希望與一個具有民意基礎的東德新政府展開談判。西德也把建立貨幣聯盟和大筆資金經援東德的計劃延後（東德要求立即給予 90 億美元的貸款，已被婉拒），不願讓仍與過去牽連的現政府得到好處。第二階段涉及的問題，主要圍繞在統一後德國在歐洲的角色，德國是否留在北約，或非軍事化。基本上，德國統一的內在條件，

以目前東西德的互動關係看來，較容易實現，但外在條件似乎困難仍多。其主要癥結所在：第一，如果統一後的德國留在北約，勢必影響戰後歐洲的均勢，莫斯科自然不能接受。第二，如果德國中立化，那麼北約也受到影響，失去軍力平衡，同時又不知如何約束或監督德國未來的發展。第三，統一後的德國，其經濟力劇增，會不會枝節橫生，軍國主義復活。凡此種種，難怪歐洲國家小心翼翼，不得不三思而後行，尤其波蘭耿耿於懷，已表明態度，要求參與「2+4」方案的會談。

　　誠然，東西德已踏上「統一列車」，開始向前邁進。但何時能夠到達目的地？會不會碰到暴風雨的阻撓，這還得仰賴客觀環境的促成。

德國統一何去何從

【1990 年 2 月 21 日／洪茂雄】

　　過去半年隨著東歐的變革，東西德之間的關係也起了重大的轉變。1989 年 11 月 9 日，修建二十八年之久的柏林圍牆突然開放，更加速了兩德的統一進程。因此，有關德國的統一問題，遂成為當前國際社會最引人矚目的焦點。

　　東西德在 1949 年正式分裂之後，歷經二十年，始由對抗的關係轉向睦鄰的關係。1972 年 12 月，波昂和東柏林雙方政府簽署所謂《兩德基礎條約》，彼此相互承認現狀，次年雙雙加入聯合國。從此，東西德邁入新的里程，在雙邊「條約政策」的規範下，關係呈現正常化，為分裂國家的互動關係建立了所謂「德國模式」，對歐洲的和平與穩定大有裨益。

　　自 1970 年代起，東德因兩德關係正常化之賜，在外交上突破西德的封鎖，取得豐碩的成果。1974 年 9 月，東德乾脆修改憲法，自稱是「一個工人和農民的社會主義國家」，正式放棄德國再統一的目標，也不再提及「德意志民族」這個概念，很明顯地擺明「獨立」姿態，與西德劃清界線。相反地，西德則基於現實政治的考慮，藉著兩德關係的正常運作，一方面可強化雙邊的特殊關係，「經由接近以促成改變」，另一方面等待時機，消除歐洲鄰邦的顧慮，儘管統一目標遙不可期，但並未絕望。

　　一般以為，四十年來，東西德分屬兩個不同軍事集團（華約和北約），政經體制迥異，在維持戰後歐洲秩序的大前提下，要促成德國的再統一，實令人難以相信。

　　到底是何種因素，導致東西德的統一進程有這樣出人意料的發展？其主要理由：第一、戈巴契夫的「新政」帶動了東歐的變化，在他「新政治思維」的影響下，政策取向靈活，改變了僵持近半世紀的客觀環境；第二、東德的社會主義體制陷入危機，難以自保。目前，東德的經濟極端惡化，人心惶惶，至今每日仍有許多人遷離東德，移居西德；第三、德國人民統一的意願升高，民族主義抬頭，雙方政府基於情勢發展的迫切性，必須尋求因應對策，共謀統一之道。

　　那麼，德國未來的統一，將何去何從？1990 年在渥太華召開的北約和華約二十三國外長會議，已提出所謂「2+4」方案，較具體地勾畫德國未來統一的藍圖。不過，統一的條件尚存障礙，其癥結所在，即統一的德國應留在北約，抑或中立化，東西方仍有分歧，短時間內不太可能獲致具體結果。無論如何，東西德已踏上「統一列車」，正起步向前推進，但何時到達目的地，還得化解歐洲國家的恐懼與憂慮。

柏林圍牆上的藝術作品

柏林圍牆開放後，多處牆面遭到狂熱分子摧毀。1990 年，多位
藝術家齊聚，將柏林圍牆重新打造成為戶外藝術展區。

《我的上帝，助我在這致命之愛中存活》

第 25 號作品《我的上帝，助我在這致命之愛中存活》為柏林圍
牆上最著名的畫作之一。畫作描繪布里茲涅夫與何內克於 1979
年深擁接吻的畫面，當時正值慶祝蘇聯與東德結為盟友的三十
週年。畫作由來起源自 1979 年蘇聯與東德簽締互助條約，東德
承諾提供蘇聯船、機械與化學裝備，蘇聯則供給東德石油與核
能。

§ 葉爾欽上任

葉爾欽以俄羅斯第一位民選總統的姿態，大刀闊斧改革俄羅斯。然而，在當時俄羅斯是世界最大的國家，擁有 1,700 萬平方公里的土地（佔全球陸地面積八分之一），與十四國為鄰；人口一億四千七百多萬，是世界第九大人口國；面對這樣一個人口多、土地廣的國家，葉爾欽要推行改革政策並非易事。在經濟上，他必須設法改革國有企業，推行私有化政策，以振興經濟；在政治上，則要排解七十多年根深柢固的共產黨官僚體系，讓憲政能順利運作；在外交上，則要設法鞏固前蘇聯勢力範圍，防止北約與歐盟東擴，以維持大國地位。

雖然目標清楚，鬥志高昂，但施行成效仍然有限：首先，葉爾欽的「百日經濟計劃」與國有企業私有化政策，在勞工素質偏低與企業對自由市場經濟生疏的情形下，葉氏經濟學難以推行，導致俄羅斯的經濟一直萎靡不振。

其次，葉爾欽的政治改造計劃，很自然地與反對派發生激烈摩擦，而為貫徹改革，葉爾欽使用極端手段：1993 年 9 月葉爾欽革職副總統，並以「俄羅斯聯邦委員會」取代最高蘇維埃，以及成立新立法機構「聯邦會議」進行議會改選，造成舊議會議員的反彈，舊議會主席團遂推舉魯茨科伊取代葉爾欽的總統職位。但葉爾欽卻於 9 月 24 日動用軍隊包圍議會大廈，圍困議員，雙方談判沒有結果後，葉爾欽下令軍隊進攻議會大廈，造成一百四十二人死亡與七百四十四人受傷的悲劇；這場「憲政

危機」讓俄羅斯回到威權體制，葉爾欽儼然成為獨裁者，國內與國際社會對葉爾欽大感失望。

再者，車臣獨立問題，更讓葉爾欽政府深陷泥淖。自從戈巴契夫推行「改造」與「公開性」政策之後，俄羅斯境內少數民族的獨立思潮就已經日益旺盛，而信奉伊斯蘭教的車臣更是澎湃洶湧，在車臣分離主義分子揭竿而起後，葉爾欽二話不說，揮軍橫掃車臣，死傷無數，但車臣人民前仆後繼，男男女女、老老少少挺身抵擋，綿延不斷的游擊戰讓葉爾欽陷入車臣困境，在用盡所有最先進武器後，仍然無法解決車臣問題，使葉爾欽的領導能力與威信大傷。

最後，在外交戰場上，葉爾欽的表現也是差強人意，最明顯的例子就是北約與歐盟東擴的問題；在後冷戰時期，東歐國家興起一股強勁的「回歸歐洲」(Back to Europe) 思潮，安全上要與北約結合，以作為抵擋俄羅斯的安全保障，經濟上則要成為歐盟會員國，以求早日脫離俄羅斯的經濟束縛；對此，葉爾欽高調向北約與歐盟喊話，禁止北約與歐盟接納東歐新會員，但在美國秉持的「北約與歐盟東擴，俄羅斯沒有否決權」的政策下，東歐國家陸續加入北約與歐盟，葉爾欽在這場「舊勢力保衛戰」中，吞下敗戰，臉上無光。在內政外交皆不見成績的情況下，這位時勢英雄漸失光采，1999 年宣布下臺後，普丁繼任成為俄羅斯第二任總統，開啟新的局面。

莫斯科權力鬥爭的危機

【1993 年 3 月 25 日／洪茂雄】

1991 年八一九政變後，葉爾欽形同接收蘇聯中央所有黨政機構，俄羅斯人代會甚至接受葉爾欽建議，給予葉爾欽一年的獨裁權力。在蘇聯解體後，葉爾欽儼然成為俄羅斯最高統治者。

但葉爾欽於 1992 年 1 月 2 日開始實行的 「休克療法」(Shock Therapy)，卻引發後續不少紛爭。這套 「休克療法」 為使經濟迅速市場化，快速實行貿易自由化與公有資產私有化，國家主動放鬆價格與貨幣管制，減少國家補助，並採取激烈的通貨緊縮作法，不料卻造成物價飛漲，國營企業也因通貨緊縮而資金劇減。經濟困境引發國會主席，以及國會眾多議員的強烈反對，數度要求葉爾欽下臺並否決葉氏所任命的總理。回應國會的反彈聲浪，葉爾欽則欲透過修憲與全民公投來增加總統的權力。

1993 年 3 月 20 日身為俄羅斯總統的葉爾欽果然不出所料，宣布以政令治國，毫不理會現行憲法的約束，直接訴諸民眾，訂於 4 月 25 日舉行公民投票，來決定國家元首和最高立法機關──人代會的前途，以及新憲法草案的頒行。這位以不妥協著稱於世，而能扶搖直上的俄國有史以來第一位民選總統，勇敢擲下震撼性的大賭注，結果如何？莫斯科的風雲變幻又成為世人的焦點。

　　葉爾欽以特別緊急命令權，試圖集大權於一身，由總統直接治理國家，直至 4 月 25 日公民投票為止。綜觀葉氏此一非常措施所可能帶來的衝擊，基本上可歸納為以下三項：

　　其一，府會權力鬥爭加劇：根據俄羅斯現行憲法規定，對是否舉行公民投票，總統只有建議權，而決定權在國會。現在府會之間針對兩項核心議題的爭議，愈演愈烈：第一，憲法法院已裁定葉氏的政令治國違憲，俄羅斯人代會可依據此一判決，對總統進行彈劾；第二，由葉爾欽逕自舉行的公民投票，國會很可能不承認。以上兩者的合法性和正當性，雙方勢必各持己見，互不相讓。

　　其二，出現憲政危機，不易善了：葉氏已直截了當地表示，毫不在乎憲法法院的判決，仍將獨斷獨行。與此同時，最高蘇維埃主席卡斯布拉托夫已表示，將召開臨時人代會，根據憲法法院的裁決，來彈劾總統。葉氏舉措明顯違憲，萬一國會彈劾成定局，葉氏又我行我素，那國家公權力何在？

　　另外，聯邦內某些共和國，如韃靼、車臣等地方拒絕舉行公投，葉氏又將如何自處。不過，葉氏也深知硬碰硬下去，對其個人或國家皆不利，最後終於在其正式公布的政令文件中，刪除直接治理國家的爭議性字眼，以示讓步。

　　其三，保守派與改革派對抗的尖銳化，可能引爆內戰：葉氏甘冒風險，使莫斯科的政局撲朔迷離，情勢複雜化。最令人矚目者，是軍方的動向。目前紅軍士氣低落，尤其剛從東歐撤軍返鄉的官兵，面臨生活困境，對當政者深為不滿。如果軍方

內部派系不嚴守中立，而各自支持不同的政治勢力，很可能出現分裂，乃至爆發流血衝突。

═══◇◇ 東歐撤軍返鄉官兵 ◇◇═══

東歐是蘇聯的勢力範圍，原先蘇聯在東歐有大量駐軍，直至戈巴契夫實行「新政」後，才從東歐撤走紅軍。

布拉格的紅軍紀念碑

喬治亞總統、即前蘇聯外長謝瓦納茲曾提出警告，俄羅斯發生內戰，並非不可能。再者，府會鬥爭無休無止，也有導致地方各自為政之虞，加速聯邦瓦解，又重蹈蘇聯解體的覆轍。

總之，莫斯科權力鬥爭的導火線，主要還是起因於經濟改革或急或緩的爭執。現階段俄羅斯經濟愈來愈差，經改績效不彰。距此一年半前，盧布價位一美元可兌換三、四十盧布，而現在則貶至一比八百二十，每月的通貨膨脹率平均高達 25% 以上，人民生活陷入窘境。未來一個月內，莫斯科的政局仍存諸

多變數，如軍方態度、國會反彈、公投能否如期順利舉行，以
及投票率支持程度等等。

蘇聯時期的盧布（錢幣）　葉爾欽上臺後，政經情況惡化，盧布貶
值不斷，俄羅斯國內人心惶惶

　　顯然地，葉爾欽捨棄現行遊戲規則，採體制外改革路線，
係鋌而走險，而西方國家一面倒向葉爾欽，事實上也是在下險
棋。無論如何，力保俄羅斯改革進程的穩定，對世界和平及中
俄甫建立的連繫關係，均有裨益。

葉爾欽的宮廷政變

【1993 年 9 月 27 日／洪茂雄】

　　葉爾欽繼在今年 3～4 月間爆發的憲政危機之後，又在 9 月 21 日斷然採取「以政令治國」的非常手段，違背憲法，解散國會，再度掀起政治風暴，使莫斯科的憲政危機空前高漲。

　　當葉爾欽宣布解散由一批老共產黨員控制的國會時，立即獲得西方政界領袖一面倒的支持，主要原因不外乎：一、西方早已全力投資在葉氏身上，寄望他能夠把俄羅斯帶向民主道路；二、過去兩年來，葉爾欽與西方合作無間，建立良好的互信基礎，西方看不出有第二人選足以取代葉爾欽；三、葉氏是自由選舉產生的總統，具有民意基礎。其實，西方國家一面倒向葉爾欽，不見得是好事。因為蘇聯解體後，莫斯科的國際地位猛跌，人民生活水平一落千丈，在西方勢力侵襲下，俄羅斯民族主義和愛國主義正日益高漲，西方力量的介入，無異更激發這股勢力的團結，以削弱葉爾欽親西方的傾向。

　　事實上，葉氏所作所為，相當強烈地排斥異己，經常假經改之名，企圖集大權於一身，但實質上又與經改扯不上邊。他掌控所有政治資源，動用公權力，切斷反對陣營國會的電源，形同施用另一種形式的暴力，鎮壓反對者，和過去蘇共的作法毫無二致。葉氏剛宣布，將在 10 月 12 日訪日，看來，他滿有

自信已打贏這一回合的府會權力之爭。不過，俄羅斯的地方勢力抬頭，千頭萬緒的改革工程，以及日益惡化的經濟情勢，和俄羅斯人民又能忍耐多久，這些都是極為棘手的課題，不是光憑一個強人隨心所欲所能克服的。

紀念俄羅斯第一位民選總統葉爾欽的紀念碑

小　結

1990 年戈巴契夫的上臺，使世界局勢有了翻天覆地的轉變。

戈巴契夫最令世人稱許之處，就是他自 1985 年 3 月至 1991 年 2 月任內，未動一兵一卒，做出了下列貢獻：

第一，建構東西方陣營的互信基礎，以合作取代對抗，加快美蘇裁軍步伐，進而促使近半個世紀的冷戰宣告落幕。

第二，揭櫫「改造」和「公開性」政策，大刀闊斧進行政經改革，試圖針砭社會主義沉疴；同時，摒棄「布里茲涅夫主義」，放手讓東歐國家民主化和政權和平轉移。正因為他創造民主改革的主客觀條件，導致柏林圍牆倒塌和宣告共產主義的死亡。

第三，尊重東德人民的自決權，沒有用駐紮在東德境內的三十八萬大軍「助紂為虐」，來維繫東德共黨政權。相反地，他協助了東西德和平統一，隨即牽動華沙公約組織的瓦解，使得東西方冷戰的癥結消逝，東西歐的分裂重新整合。

顯然地，由於戈巴契夫採取靈活務實的政策，致使戰後維持四十多年的秩序結構完全改觀，不但改變了歐洲政治地理，而且也使東歐的政治生態煥然一新，誠是二十世紀歷史性的創舉。

戈巴契夫的確表現不凡，與歷任蘇共領導人專橫霸氣的風格大異其趣。從史達林至布里茲涅夫，蘇共一直是實行極權統

治模式，尤其史達林在位時期，進行大整肅，以恐怖手段鎮壓異己，受害者不計其數。戈巴契夫基本上也算是人道主義者，為了履行其所揭櫫的「公開性」政策，不僅要社會展現透明度，而且也不讓歷史留下空白，其中最受注目的如：

▲ 解除布里茲涅夫時代對科學家沙卡洛夫 （Andrei Sakharov, 1921～1989，原子物理學家，同時也是人權運動家，曾因抗議蘇聯入侵行動而被流放）的放逐令，恢復其行動與言論自由 ； 又將被強行放逐他國並剝奪公民權的作家索忍尼辛 （Aleksandr Solzhenitsyn, 1918～2008，俄國著名反蘇聯文學家，在史達林當政時期曾入獄，一生對俄羅斯各政權皆有批評。曾獲得諾貝爾文學獎）恢復公民權及歡迎其隨時返國。

▲ 成立歷史研究小組，填寫過去被視為敏感禁區的歷史空白，例如史達林的種族滅絕勾當、大整肅、德蘇密約以及波蘭軍官集體殺害事件等等。同時，平反史達林統治時期受整肅迫害者的冤屈，還其清白，並代表政府公開向人民致歉。

▲ 承認以武力血腥鎮壓 1953 年東德工人抗暴事件、1956 年匈牙利革命、1968 年捷克「布拉格之春」自由化運動等，是蘇共犯了嚴重錯誤的行動。

　　客觀地說，戈巴契夫有志改造社會主義，但他忽略社會主義有其極限性，致使他的改革道路備極艱辛。總之，戈氏的改革事業雖功敗垂成，卻致使鐵幕的垮臺，改變世界局勢，是影響歷史發展的重要人物。

　　而在戈巴契夫改革下崛起的葉爾欽，在繼任後也面臨眾多

問題，包括俄羅斯內府會之爭，與各地興起的民族主義、獨立思潮，都令葉爾欽相當頭痛。鐵幕倒臺後的世界，依舊不平靜。

最終篇

在帝國崩潰之後

前　言

　　試以歷史經驗來評估下列三項文件：其一，俄羅斯聯邦社會主義最高蘇維埃發表「國家主權宣言」，宣布俄羅斯聯邦在其境內擁有「絕對主權」。其二，俄羅斯、白俄羅斯、烏克蘭、亞塞拜然、亞美尼亞、喬治亞、吉爾吉斯、摩爾多瓦、哈薩克、烏茲別克、塔吉克、土庫曼等十一個前蘇聯成員，在白俄羅斯小鎮維斯庫利 (Viskuli) 簽署一項關於建立獨立國家國協的協定。其三，1991 年 12 月 25 日當晚戈巴契夫透過電視聯播，向全國人民發表新年賀詞，並嚴肅宣告辭去蘇聯總統一職。

　　由此已清清楚楚了解到蘇聯這個曾經稱霸地球半邊天的強權大勢已去，壽終正寢走入歷史。那麼，俄羅斯聯邦繼承前蘇聯所遺留下來的名位，將何去何從？以人口土地面積為例，現今的俄羅斯聯邦的人口比蘇聯少掉一億，土地面積還比前蘇聯大約減少三分之一。在聯合國席位上不再擁有三席代表（俄羅斯、烏克蘭、白俄羅斯）特權。不過，俄羅斯還佔有聯合國安理會常任理事國，一個足以發揮其威權的空間，其對國際情勢的發言權仍有一定程度的影響力。

　　雖然昔日由俄羅斯領導的經互會和華沙公約組織宣告解散不復存在，但西方民主國家仍然接受莫斯科扮演大國角色。因此，俄羅斯與北約和歐盟之間的互動，對東歐新興民主國家「脫俄入歐」頗有微詞，不過，基於國際現實，也只得接受。再者，

因為俄羅斯擁有豐富的石油和礦產，也需在國際經貿關係與人為善，建立良好的夥伴關係，在國際安全議題上，莫斯科當然不可能袖手旁觀，最起碼要扮演「平衡者或和平者」角色。由此觀之，當前莫斯科的對外關係，選擇也較靈活，不同於蘇聯時代那麼蠻橫無禮。其中頗值玩味者為：究竟中、東歐國家轉型之快或慢，莫斯科的態度為何？從某些觀察家的分析來看，俄羅斯在心理上還是極為矛盾，一方面眼看賭局全輸不可能有奇蹟出現；另一方面也得防範俄羅斯社會動盪不安的衝擊，其前景一時尚難預料。

§ 俄羅斯

　　1991年夏，莫斯科八一九政變失敗後，隨即有所謂「葉爾欽效應」，逼迫前蘇聯總統戈巴契夫黯然下臺，致使蘇聯這個曾是世界一隅之超級大國，不費吹灰之力從地球上消失。當時，葉爾欽總統把他昔日政敵趕下臺後，就洋洋得意地誇下海口，要在一年內讓俄國的經濟改革步上坦途，改善人民生活。可是，三年過去後，俄羅斯的經濟窘境不但每況愈下，而且社會脫法脫序，情勢日益嚴重，黑幫為非作歹，肆無忌憚到已危及政府威信的地步。

　　在俄羅斯境內經濟及黑幫問題日益嚴重之際，葉爾欽又突然將矛頭轉向蘇聯解體前，原屬俄羅斯聯邦的車臣自治共和國。車臣共和國於1991年也隨著各加盟共和國分離宣告獨立，至葉爾欽對車臣採取行動並派大軍壓境前夕，車臣已獨立三年。葉爾欽突如其來的軍事行動，引發俄羅斯國內國會與民間團體的反彈，戰役也對平民造成生命與財物的重大損失。蘇聯倒臺後，在客觀的經濟與社會環境因素下，上任的葉爾欽的確也頗難在一時之間，帶給俄羅斯與前蘇聯盟國國民們一個安穩的生活環境，但其進軍車臣之舉動，卻早已玷汙他推動民主改革的形象，也使世界局勢更加紛亂躁動。

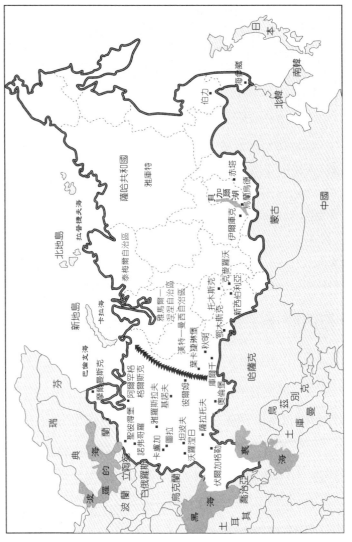

俄羅斯地圖

葉爾欽面臨四面楚歌的窘境

【1994 年 10 月 28 日／洪茂雄】

俄羅斯有史以來第一位由人民直接選舉產生的總統葉爾欽，自他 1991 年 6 月當選迄今，已有三年四個月。葉氏因 1991 年 8 月以無比果敢的行動挫敗了幾乎萬無一失、唾手可得的軍事政變；兩年後又以斷然的手段對付殘餘的共產黨勢力，解散「人代會」，頒布新憲法，試圖把甫進行民主變革的俄羅斯帶往穩定道路，深受西方國家政界和輿論的肯定。不過，從種種跡象顯示，這位以膽識過人，勇於向舊體制挑戰而崛起的俄國領袖，卻是仕途多變，現正面臨一連串難題，已動搖其領導地位，前景不甚樂觀。

棘手難題層出不窮

1993 年 10 月葉爾欽不惜違憲動用武力並解散國會之後，自以為結束一場難纏的府會鬥爭，袪除後患，從此可使俄國的政治發展步上正軌。可是，證之過去一年來某些事態的演變，情況並不那麼單純，反而使政經危機有愈形惡化之虞。茲略舉最近所發生一連串的嚴重事端，即不難窺見當前葉爾欽總統所面臨的窘境：

其一，盧布自 1994 年 8 月以來貶值不斷，尤其 10 月 11 日所謂的「黑色星期二」，在一天之內貶值高達二十七個百分點，

創下歷史紀錄，直令俄羅斯人心惶惶，不知所措。儘管葉爾欽立即撤換財政部長，並迫使中央銀行總裁辭職，但莫斯科當局仍拿不出一套可靠又令人放心的貨幣政策。

蘇聯時期的盧布（紙鈔）

其二，有兩百萬工人發動罷工，因為他們已有數個月未領到工資。正當盧布疲軟之際，俄國政府又必須支付一筆龐大盧布，擴大貨幣供給量，無異雪上加霜，不但增加通貨膨脹壓力，而且也將降低工業產量。

其三，由前蘇聯國家安全委員會殘餘分子所控制有組織的「黑社會」，儼然成為「獨立王國」，足以與正牌的俄羅斯政府分庭抗禮，詐領保護費。據估計，有40％的俄羅斯人不納稅，使俄國政府每年至少短收稅金數十億美元之多；成千上萬的暴發戶黑幫，川流不息紛紛赴國外置產或洗錢，已成為公開祕密，政府束手無策。

其四,《共青團真理報》先後揭發原駐東德高階將領貪汙不法,以及國防部長利用特權假公濟私等醜聞後,有兩名青年記者慘遭暗殺,導致俄人同仇敵愾,引起公憤,逼使葉爾欽不得不成立調查小組,公布真相。

其五,在北極區的油管破舊不堪,有十五至二十萬桶原油漏出,嚴重汙染附近河川和人工湖,該項消息經外國媒體報導後才引起重視。可見,俄國政府有關部門沒有處理這類危機的應變能力。俄國境內的環境汙染問題日漸公開,其嚴重性已超出外人的評估。

四面楚歌前途堪慮

從以上諸事端看來,葉爾欽的地位不由得令人感到岌岌可危。除了他的聲望已今非昔比外,最近也發生三件事,對他頗為不利。首先,由他提名的總檢察長和憲法法院六名法官中的三位,未獲聯邦委員會(俄羅斯上議院)同意。其次,國家杜馬(俄羅斯下議院)正醞釀草擬有關國家領導人的健康狀況之立法,這顯然是針對他傳聞已久的酗酒、身體狀況欠佳而來。最後,俄羅斯國會正發動對現政府的不信任案。凡此種種,對葉氏的聲望和領導地位均構成相當大的威脅。看來,這位敢拚敢衝的俄國總統,正陷入「苦戰」,其鬥志是否猶在?他還能帶領俄羅斯走出危機嗎?一般咸信,其理想勢必落空了。

葉爾欽又一次的政治賭注

【1994 年 12 月 16 日／洪茂雄】

　　俄羅斯總統葉爾欽得以在政壇上崛起，原因說穿了，就是他饒富勇氣，敢做政治賭注，向反對者挑戰，絕不臣服或退縮。最明顯的例子是，戈巴契夫大權在握時，他無視於戈氏的威望，批判其改革不力，最終迫其下臺，取而代之；1991 年「八一九政變」時，葉氏不顧生命危險，又來一次政治賭注，號召民眾挫敗了軍事政變；1993 年當府會權力鬥爭進入攤牌局面時，葉氏又來一次政治賭注，以武力解散國會，強行制訂新憲法，集大權於一身，再渡過了一次政治危機。從這些例證看來，葉爾欽每一次的政治賭注，均立於不敗之地，得心應手。

　　1994 年 12 月 9 日他又下一道政令，對已宣布獨立三年的車臣自治共和國，採取軍事行動，並於 11 日進兵車臣，大軍壓境，這無異又是一場政治賭注。此次這位俄國首位民選總統何以非要動武不可，甘冒流血衝突之危險，對這個北高加索山區小國來勢洶洶，下這麼大的政治賭注？他這一場賭注可有絕對的勝算？

進軍車臣背景因素

　　在 1990～1991 年間，當戈巴契夫還當政時，立陶宛等波羅的海三國、喬治亞和亞塞拜然等均執意脫離聯盟，尋求獨立，先後遭蘇聯紅軍鎮壓，最終仍然擺脫莫斯科的控制，宣告獨立。

車臣共和國早在 1991 年自行宣布獨立,脫離俄羅斯聯邦,為何葉爾欽遲遲不採取行動,三年後始大動干戈,不惜摧毀杜達耶夫領導的這個高加索伊斯蘭教小國?究其原因不外乎有下列幾點:

第一,在俄羅斯政局漸趨穩定之際,葉爾欽假借恢復憲法秩序和鞏固俄羅斯領土完整之名,進行軍事干預。事實上,莫斯科當局深恐車臣成為「惡例」示範,而引發其他少數民族組成的共和國也紛紛想求去,進而導致聯邦解體,重蹈前蘇聯的覆轍。

第二,蘇聯解體後,俄羅斯正面臨國勢日衰之痛,加上外力影響日深,致使民族主義愈形高漲。為此,葉爾欽必須應付這股不容忽視的內在壓力,自然對車臣的抗命有如芒刺在背,更不能無動於衷,必須有所交代。

第三,軍方藉機擴權,提升軍人保國衛民的重要性。自從東西方冷戰落幕後,俄羅斯紅軍地位猛降,不但從東歐撤回全部軍隊,喪失霸主角色,而且東西歐已由合作取代對抗,紅軍原有政治資源大打折扣,又面臨裁減命運。基此,俄羅斯軍方總是試圖掌握自己的既得利益。當葉爾欽面臨危機時,軍方總算護駕有功,成為葉氏穩定政局的後盾,車臣的「造反」,軍方更可師出有名,保衛俄國領土的完整,葉氏自無理由拒絕。

葉氏賭注後果堪虞

第四,葉爾欽自認此時此際解決車臣問題,對他提高聲望

和角逐下一任總統有「利好」的一面。眾所周知，這三年來，由於俄羅斯的經濟每下愈況，總統與國會之間的權力鬥爭，也耽誤了改革進程，弄得葉氏焦頭爛額，聲名狼藉，所得到的民眾支持率已降到最低點，僅有 10% 左右。葉氏若有意連任下屆總統，他得把握任何機會，挽回劣勢，重振聲望以吸引民心。

　　不過，這位鬥志甚堅，經歷過大風大浪的政治領袖，此番賭注不見得是如意算盤，可輕騎過關。縱使莫斯科當局擁有絕對優勢的軍力，壓服車臣頑強的抵抗並不困難。唯有兩項因素頗受關注，其一，車臣民族堅韌不屈的特性；其二，俄羅斯國會的反彈。前者，歷史慘痛教訓仍令人記憶猶新，沙皇時代曾花了兩百年，始降服車臣人民納入帝俄版圖。但迄今車臣人民的獨立意志依舊堅定不移，即使史達林施以暴政，強行把全部車臣人民移居中亞，也沒有磨滅車臣人民保鄉衛土的決心。從最近三、四天車臣人民奮勇抵抗俄軍的士氣，可見一斑。後者，國家杜馬主要黨派已形成聯合陣線，正醞釀彈劾葉爾欽總統，為府會升高鬥爭埋下變數。準此，葉爾欽此次的政治賭注，勢必要比以往付出更高的代價。他捨政治反採軍事行動，一場叫怕的流血衝突將難避免。車臣共和國首府格羅茲尼，俄文即「恐怖」之意，但願格羅茲尼之役，不致有「恐怖葉爾欽」在歷史上留下惡名。

葉爾欽始料未及的 「車臣效應」

【1995 年 1 月 6 日／洪茂雄】

　　以敢向共黨政權挑戰而備受西方國家青睞的俄羅斯首任民選總統葉爾欽，1994 年 12 月 11 日，突然心血來潮，大軍壓境已宣布獨立三年的車臣自治共和國，迄今已近一個月。憑著曾是超級大國，擁有壓倒性優勢軍力的俄國，來對付高加索山區小國的車臣，理應如探囊取物，易如反掌。可是，葉爾欽萬萬沒料到，以武力對付這個區區蕞爾小國，遠比對付具有民意象徵的國會，還要棘手，並且還引發所謂「車臣效應」，反而衝擊到他原本穩固的權位。

進兵車臣得不償失

　　葉爾欽未與國會磋商，即自行頒布政令以恢復憲法秩序，師出有名，揮兵車臣，其動機至明，一方面可藉機懲罰這個伊斯蘭教小國，殺雞儆猴；另一方面可轉移國內經濟每況愈下的窘境，救平車臣獨立運動，對大俄羅斯民族主義有所交代，有助拉高其逐漸下降的聲望。如此做法，一舉兩得，何樂不為!?但是葉氏始料未及的「車臣效應」，卻是得不償失。最明顯的例證：

　　其一，徒增內部對立，社會矛盾加劇，阻礙民主改革進程。

車臣獨立問題本可經由政治手段解決，不必勞師動眾，訴諸武力，弄得兩敗俱傷。最引人側目者，葉爾欽身邊一批主戰派，挑起了軍方高層的不和，如兩位國防部副部長遭解職，三名前線指揮官掛冠求去，即是明證。同時，國會和社會團體反戰聲浪升高，再度挑起府會鬥爭，民眾反政府示威勢難避免。

　其二，外來壓力日增，削弱俄羅斯國際地位和影響國家利益，儘管歐美重要國家表明俄國對車臣動武，係俄國內政問題，但莫斯科當局「殺雞用牛刀」，過度使用武力，不僅殺害無辜百姓和摧毀可觀的財物，而且也蔑視車臣人民的自由意志，攸關人權問題，已引起國際社會，尤其伊斯蘭教世界的關切。美國參議院多數黨領袖杜爾即毫不避諱提醒華府，美國應把援助俄國與莫斯科進軍車臣連繫起來；德、法兩國更不約而同，要求克里姆林宮克制，並倡議由「歐洲安全與合作組織」出面斡旋。

尤有甚者，中東伊斯蘭教國家更傳出派遣傭兵赴車臣助陣，引起莫斯科當局的不安。凡此種種，對亟待外援加速重建的俄羅斯而言，無疑會愈形孤立，帶來相當程度的負面效應。

車臣戰爭中的遺體　葉爾欽大軍壓境車臣，造成許多生命的喪失

車臣效應搖撼克宮

　　其三，反葉爾欽之聲此起彼落，葉氏形象大受打擊。葉爾欽這位俄國第一位民選總統以敢下政治賭注而崛起，頗得西方政界偏愛。唯此次他發動進軍車臣，可不像昔日那麼得心應手，很可能會栽跟頭。他往日同舟共濟的「戰友」紛紛倒戈相向，與他劃清界線，如「民主選擇」黨領袖蓋達爾；就算是西方政界領袖如法國總統密特朗、德國總理柯爾對他爾來舉措，也頗有微詞，不敢苟同。根據進兵車臣兩週後的民意調查顯示，對葉氏喪失信心者已高達 65%，支持葉氏者僅有 13%。最近幾天剛公布的民意調查，有 60% 的俄羅斯人反對出兵車臣，對葉爾欽的支持程度更掉到 8%。可見他對車臣動武弄巧成拙，反而使其聲望滑落谷底。

　　政治領袖動輒以武力對付民意代表或平民百姓，雖然可以穩定一時，卻難保千秋，不是長治久安之計。車臣之役暴露了諸多令人不可思議的錯誤，例如整個決策過程草率，國防部未善盡職責仔細規劃，未和國會協商，欠缺民意支持，以及葉氏行蹤成謎，不敢公開露面，都予人起疑，是否克宮的權力運作出現了問題？再者，此次格羅茲尼戰役已斷送上千車臣百姓和數百名俄軍士兵。重建車臣家園必須耗費十億美元以上，況且車臣之役也可能重蹈阿富汗覆轍，這正說明俄國與車臣「雙輸」的局面，葉氏的仕途更形艱難。

俄國「車臣危機」反映哪些訊息？

【1995 年 1 月 13 日／洪茂雄】

　　俄羅斯挾其武裝力量的壓倒性優勢，於 1994 年 12 月 11 日，對北高加索一個蕞爾小國——車臣自治共和國，進行武力鎮壓，不容許車臣脫離聯邦而走向獨立，迄今已逾一個月。克里姆林宮選擇此時此際，向這個區區伊斯蘭教小國動武，已引起國際社會的關切，成為大眾傳播媒體爭相報導的熱門話題。本文不擬再就俄軍能否在短期間內順利攻佔車臣首府格羅茲尼，做進一步評析，倒想從另一個角度來看看，究竟俄國這一場「車臣危機」，反映了哪些訊息，或許有助於讀者暸解蘇聯解體後，俄羅斯所面臨的尷尬處境。

泱泱大國虛有其表

　　由於目前的俄羅斯，已不再如同往昔共產黨統治時代那麼封閉，社會邁向多元化，各種聲音並存，資訊流通快速，聯邦境內任何動靜，無論其對政府有無利害關係，都難掩人民的耳目。此次葉爾欽政府如何因應車臣危機，整個來龍去脈，都能清楚地呈現在世人眼前。因此，這次車臣危機頗可明察其中事實，說明某些意義。茲就其反映的幾個訊息，略述如下：

　　其一，俄羅斯泱泱大國地位，僅是虛有其表。過去蘇聯曾

是世界超級大國，雄霸地球一隅達半個世紀以上。蘇聯這個「紅色帝國」崩潰後，俄羅斯以繼承前蘇聯大業自許，一直還自認為是橫跨歐亞兩洲的大國，仍試圖在國際社會扮演舉足輕重的角色。可是，畢竟事過境遷，潮流在變，時代在變，環境也在變。憑俄軍「車臣之役」正充分暴露其「大國雄風」已不復存在，俄軍對付車臣這個區區小國所花的時間，遠比 1950 和 1960 年代對付東德、匈牙利和捷克還要辛苦多了。

其二，處理危機的應變能力與其大國地位無法成正比。戰後，蘇聯勢力快速崛起，足以和美國分庭抗禮，華府也得對莫斯科有所尊重。不過，自蘇聯解體後，克宮因應某些政經危機，即令人大感意外，諸如葉爾欽以武力對付國會的粗暴行徑，盧布的暴跌，黑幫勢力坐大等。如今車臣危機又顯示，總統政令上情無法下達，貫徹執行；國防部內訌，進軍車臣的兵力部署粗枝大葉，前線官兵士氣低落，整個決策過程顯得草草率率，

車臣戰爭

破綻百出。這樣的政府的確予人有無能之感。

葉爾欽時代近黃昏

其三，俄國人民明辨是非，反對違背人權勾當。儘管俄羅斯民族主義抬頭，不希望再看到俄羅斯重蹈蘇聯覆轍。但俄羅斯人民基本上還是反對葉爾欽下令進兵車臣，根據剛發表的民意調查，有 78.9% 的俄國人希望俄軍立即停火，有三分之二反對葉爾欽向車臣動武。葉氏也因出兵車臣，使得他的聲望下降到上臺以來的最低點，僅獲 11% 的支持。

由此數據顯示，俄人絕大多數是反戰，希望以政治手段來解決車臣問題。具有濃厚俄羅斯民族主義色彩的大文豪索忍尼辛，甚至更直截了當，反對戰爭，贊成車臣獨立。

總之，從「車臣之役」看來，標誌著莫斯科正面臨「內患」（車臣問題引發的權力鬥爭）「外憂」（來自國際壓力），1995 年肯定是俄國最艱困的一年。看來葉爾欽時代也將步上戈巴契夫的後塵。

俄羅斯文豪索忍尼辛贊成車臣獨立

蘇聯解體的後遺症

【1995 年 4 月 21 日／洪茂雄】

1995 年 4 月 18 日俄羅斯外長科濟列夫突然一反過去民主改革者形象，擺出俄羅斯沙文主義者姿態，揚言莫斯科將採取政治和經濟手段來保護居住在前蘇聯加盟共和國的俄羅斯人，甚至不惜以武力為後盾。科氏此言一發，立即引起波海三國抗議，和國際社會的關注。何以這位葉爾欽總統愛將，又和西方打交道尚能稱職的俄國外長，此時此際大放厥詞，說出這種甚不合時宜的話，其動機安在？又顯示什麼意義？值得探究。

外邦人與大俄羅斯主義

戰後曾是世界超級大國，雄霸地球一隅的蘇聯，萬萬沒料到自行解體，而被拋入歷史的灰燼中。原本有二億八千多萬的所謂「蘇聯人」，從 1991 年 12 月起，不但成為歷史名詞，而且散居在俄羅斯聯邦以外的二千五百萬左右的俄羅斯人，一夜之間變成外國人。當時，在和平號太空站執行任務的太空人，當他們返回地球，蘇聯已是面目全非，百感交集。

俄羅斯外長科濟列夫之所以選在這個時候發表違背「歐安組織」精神的評論，究其動機，不外乎受到下列因素驅使：

其一，民族間的矛盾愈陷愈深。最明顯的例證是，俄羅斯人和車臣人翻臉，不惜一戰；塔吉克伊斯蘭教徒對俄人的仇視，

乘內戰之際對俄軍施加報復；烏克蘭的克里米亞問題，使俄、烏兩大民族相互猜忌，互不信任。去年就有二十五萬俄羅斯人經不起居住國的歧視，移居俄國。

其二，俄國境外的俄羅斯人，由統治者變成被統治者。俄羅斯人在前蘇聯加盟共和國境內的比例分別為：哈薩克 36%、拉脫維亞 34%、愛沙尼亞 30.3%、吉爾吉斯 28%、烏克蘭 22%，其餘在白俄、摩爾多瓦、烏茲別克、土庫曼等國也佔有 10% 以上的人口比例。這些昔日是高人一等，比當地民族享有更多的特權，現在則淪為被統治者，幾近「二等國民」；俄語不再是官方通用語言，就得接受歸化，認同居住國的文化和國家象徵。由於某些國家如波海三國，不接受雙重國籍，並且立法，歸化條件嚴苛，已引起莫斯科的關切。

其三，俄羅斯民族主義逐漸高漲。蘇聯解體後，往昔雄風不在，俄人不但嚐盡「國衰家不保」的苦頭，備受委屈，而且前途茫然，政經發展何去何從，未定之天。在這種衝擊下，難免有狂熱的民族主義乘機而起。因此，有所謂「恢復蘇聯疆界」、「重建往日國威」之類的口號。許多俄羅斯政客，乃有機可乘，煽風點火，撈取政治資本，科濟列夫也不得不正視這種現實。

科氏言論顯示意義

綜觀上述情勢的發展，就不難瞭解科濟列夫這樣發言的背後動機了。不過，這位 1974 年就進入蘇聯外交部工作，現年僅

五十四歲的外長，他的這一席話，不是無的放矢，而是隱涵有
某些意義：第一，顯示俄羅斯民族和其他民族之間的矛盾，有
尖銳化的趨勢。克里姆林宮的民族政策很有可能改弦易轍，轉
趨強硬。第二，俄羅斯經濟每況愈下，黑幫橫行，人民耐心有
限。藉「武力威脅鄰國」，以安撫民心，轉移人民對現狀的不
滿。第三，在俄羅斯民族主義情緒日益升高之際，政府不得不
有所回應，以舒緩緊張。第四，一方面暗示居住在他國的俄羅
斯人稍安勿躁，不要返回俄國，莫斯科將盡全力，提供保障；
另一方面等於警告他國，不得蔑視少數民族的權益。

　　西方諺語曾云：「強烈的言詞是軟弱的表現」。作為一個泱
泱大國的外長，以武力相威脅，畢竟不是正途。難怪波海三國，
波蘭、捷克、匈牙利等東歐國家，對俄仍存戒心，一心一意想
加入北約，以求自保。

歷史對講機

　　蘇聯解體後，由俄羅斯繼承蘇聯國際法上的權利與義務，例如：俄羅斯成為聯合國常任理事國、合法擁核國家等，也因此，俄羅斯乃成為國際政治的主要行為者，對於國際議題與區域問題的解決佔有一席之地，例如：當前最棘手的北韓核武問題、打擊伊斯蘭國 (Islamic State; IS) 組織問題、敘利亞內戰問題等，俄羅斯都有相當的影響力。不過，俄羅斯「兼併克里米亞」與「軍事支援烏克蘭東部親俄民兵」事件，卻讓俄羅斯與國際社會的關係降到冰點，最明顯的例子就是「歐盟對俄羅斯施行經濟制裁」與「俄羅斯八大工業國組織 (G8) 會籍被凍結」。除此之外，俄羅斯的國力也大不如前，無法與蘇聯超級強國的地位相提並論，其原因有五：

　　第一，蘇聯解體後，除俄羅斯外的十四個加盟共和國都已經獨立，使得俄羅斯的領土、人口比蘇聯減少很多；第二，蘇聯解體後，俄羅斯的軍事技術在國際社會的評比雖然還是名列前茅，但其三軍的數量與品質已與蘇聯時期相去甚遠，原因在於俄羅斯的軍事投資已經沒有辦法像蘇聯時期那樣闊綽；第三，蘇聯解體後，俄羅斯提升工業能力的速度相當緩慢，因為要從過去計劃經濟的經營管理思維轉變為現在的市場經濟，需要時間，俄羅斯經理人與勞工仍在調整過程中；第四，俄羅斯政府仍然存有嚴重的貪腐問題，而且普丁總統的強人政治作風，製造國內政治緊張氣氛，示威抗議的反對團體層出不窮，形成國

家發展的巨大政治成本；第五，俄羅斯雖然擁有相當豐富的天然資源，特別是石油與天然氣，但是，自從 2014 年國際石油價格暴跌之後，俄羅斯的財政收入大幅減少，影響國家的建設與開發。

§ 其他國家

◆ 波蘭與東歐各國

從中、東歐國家各式各樣的改革狀況來加以比較，即可獲知波蘭稱得上「中東歐改革列車的火車頭」，而團結工聯則是東歐民主運動的先驅，這兩句稱讚的話語是經過長時間磨練而得來。

諸如二十世紀 1980 年代波蘭就背負 400 億美元外債，加上生活用品短缺、物價高漲，迫使勞動群眾以罷工手段爭取權益，緊接著團結工聯的崛起，聲勢浩大。當時波共因恐失去政權，乃頒布《軍管法》來對付團結工聯。波共政權甚至還想收買民心，將政治與經濟兩項改革方案的推動訴諸民意最後表決，可是團結工聯雖被禁止公開活動，而轉入地下，卻更得到人民的支持。自 1989 年在天主教會從中斡旋下，團結工聯與波共雙方同意舉行圓桌會議，始有轉機出現。在這段期間內，一來波共要想盡辦法疏解經濟窘困的壓力；二來也得認清團結工聯真面目，有無可能開創新局，以「合作」代替「對抗」。這段歷史過程，尤其華沙敢採取休克療法（國家放鬆價格和貨幣管制、減少國家補助，以期能快速實行經濟自由化的改革方案）來挽救瀕臨破產的經濟危機，僅僅四、五年中，績效顯著，迄今仍令人記憶猶新。因此，波蘭改革命題可得出人人都同意的結論：那就是愈早改革愈能展現活力；反之改革步調愈慢愈容易失去良機，趕不上歐洲改革號列車。

　　反觀南斯拉夫，其際遇就令人感到相當訝異。在第一次大戰之後，南斯拉夫才開始在巴爾幹半島佔有一席之地。等到第二次世界大戰結束時，這個多民族組合而成的類聯邦國家，境內共有二十四個大大小小的民族。1946 年才仿效蘇聯憲法，正式成立了一個包括六個共和國（斯洛維尼亞、克羅埃西亞、波士尼亞－赫塞哥維納、蒙特內哥羅、馬其頓、塞爾維亞）及兩個自治省（伏伊伏丁那、科索沃）的「南斯拉夫社會主義聯邦共和國」(Socialist Federal Republic of Yugoslavia)。境內各民族雖有斯拉夫血統，但因長期以來接受不同統治者所強加的同化政策，導致其與傳統文化或疏離或遭遺忘，久而久之，因民族問題的矛盾加深，衝突事件也就愈頻繁。

　　具體言之，前南斯拉夫存在三大隱憂：其一，語言不統一，各共和國所擁有待遇也懸殊不齊，可算是易生磨擦的衝突點；其二，南斯拉夫人信奉伊斯蘭教、天主教、基督教等三種不同宗教，因風俗習慣迥異，較難和睦相處，一旦誤會加深，發生流血事件在所難免；其三，波士尼亞－赫塞哥維納（簡稱波赫）共和國境內各民族雜居密度頗高，導致各方較容易產生磨擦，長久累積的怨恨就一發不可收拾。南斯拉夫自分裂以來，內部種族問題也迫使國際社會無法僅是袖手旁觀。基此，南斯拉夫之所以四分五裂，走向崩潰，也可以這樣的命題來說明：凡是在國家推動改革之際，民族主義愈抬頭愈高漲，則其成效愈不彰顯；反之，國內沒有民族主義的干擾，就有改革成功的勝算。

　　關於南斯拉夫的詳細討論，見本書第 169 頁之後。

「悲劇的波蘭」
不能光靠「英雄本色」！

如何克服經濟危機？
如何整合團結工聯？
如何迎接明春大選？

【1990 年 12 月 14 日／洪茂雄】

　　波蘭總統第二回合的選舉根據民意調查顯示，團結工聯領袖瓦文薩，以 77% 對 23%，獲壓倒性勝利。瓦氏的競爭對手提明斯基，在這次的得票率，較前者為低，究其原因有三：其一，波蘭影響力最大的天主教會公開支持瓦文薩；其二，總理馬佐維耶茨基及其支持者也表明態度，支持瓦氏；其三，波蘭的民族意識顯著覺醒，認為讓一位陌生人來領導，無異是一場「國家的災難」，是波蘭人的奇恥大辱。

～⌒⌒　提明斯基　⌒⌒～

提明斯基 (Stanistaw Tymiński, 1948～　) 是波蘭籍的加拿大商人。他在波蘭創立 X 黨 (Party X)，被認定是具民族主義色彩的政黨，後因政黨無所作為，他黯然解散政黨並返回加拿大。他在 2005 年再度返回波蘭，並宣布代表「全波蘭公民聯盟」參選總統，但最後仍以失敗告終。

　　無疑地，瓦文薩的時代即將到來，可於 1990 年 12 月取代在九年前迫害他的敵手賈魯塞斯基，而成為波蘭有史以來第一位直接由人民選舉的總統。這位格但斯克列寧造船廠出身的電匠，將如何領導波蘭渡過重重危機？擺在他面前的當務之急，至少有下列三項：

　　第一，如何克服經濟危機：目前波蘭的外債超過 400 億美元，國民生活水平降低，人民購買力下降 40%，工業生產也下降 30%，失業率 7%。瓦文薩在競選時許下諾言，要帶波蘭人快速渡過難關，恐怕很難辦到。

　　第二，如何整合團結工聯的分裂局面：由於瓦文薩急著要當總統，搞得昔日團結工聯的親密戰友，紛紛求去，另起爐灶，由馬佐維耶茨基領導的「民主聯盟」態度堅定，將扮演盡職的反對黨角色，瓦氏重整團結工聯的力量，如何化阻力為助力，實非易事。

　　第三，如何迎接另一次大選：甫於 1989 年 6 月半自由選舉產生的波蘭國會，將在明春重選，因為團結工聯四分五裂，加以有五十餘黨參選，多黨鼎立的局面顯已形成，團結工聯不易在下屆國會控制多數。

　　波蘭這個民族，夾在日耳曼和俄羅斯兩大民族之間，在歷史上予人有「悲劇的波蘭」深刻印象。在這次總統選舉時，一開始亦帶給人們這種感覺。瓦文薩能領導這個多災多難的波蘭走向光明的坦途嗎？答案是一項艱鉅的工程，不是光靠「英雄本色」即可勝任。

波蘭改革經驗：「休克療法」

【1994 年 11 月 4 日／洪茂雄】

　　波蘭是共產黨集團當中，第一個以選票和平迫使長期「一黨專政」的波共交出政權的國家。當 1989 年 8 月華沙出現戰後四十年來第一個「非共政府」時，世人都抱著無比好奇的眼光，注視著這個甫擺脫共產黨極權統治的國家將何去何從，如何由積弊已深的計劃經濟轉軌到市場經濟，重建波蘭的新秩序。波蘭這個開啟東歐國家民主化的火車頭，歷經五年的改革進程，其績效究竟為何？基本上可從某些跡象看出端倪。

休克療法展現療效

　　帶領波蘭走最艱難的路程，當然是收拾波共政權爛攤子的馬佐維耶茨基政府。馬氏為了使波蘭得以起死回生，不得不下猛藥，乃在 1990 年初毅然決然提出所謂「休克療法」，企盼能促使這個歷史上有「悲劇民族」之稱的波蘭，恢復生機，實現民主繁榮之美夢。休克療法的目的所在，即不惜犧牲短期的社會成本，來換取長期的經濟穩定和新體制的重建。換言之，在新舊體制交替下，甘冒生活品質下降、經濟衰退和社會秩序動盪不安等風險，痛下針砭，俾使長期沉疴得到醫治，而達致健康穩定的發展。這個由著名經濟學家薩克斯教授所推出的處方，應用在社會主義體制的疑難雜症，初期療效並不樂觀，曾一度

被譏諷為「休克」有餘,「療法」不足。

不過,證之過去五年來的經驗,可從某些指標窺見其一斑。

首先,就經濟成長而言,在 1989 至 1991 年三年之間,國內生產毛額均呈現 9% 到 4% 的負成長。1992 年以後,始逐漸回升,1993 年已增長至 4%;估計本年可達 5%,為歐洲國家增幅最高者,令世人刮目相看。

其次,就通貨膨脹而言,休克療法抑制波蘭的通貨膨脹,頗具成效。

1990 年的通貨膨脹率高達 585%, 1991 至 1993 年已分別降至 70%、45% 和 35%。預計 1994 年可降到 30% 以下,1995 年甚至可望達到 10% 以內。

左派執政無礙改革

再其次,就私有化工程而言,波蘭為使國有企業私有化順利推展,特設私有化部,掌理各種企業的出售,或大型國營企業的股份私有化。據估計,國營企業的私有化進程,已完成五分之二,私營企業欣欣向榮,其生產總值已佔全國國民生產總值 65% 以上,可見,市場經濟機制,已發揮其功能。

其他休克療法的穩定政策,諸如降低預算赤字,實行價格自由化,完善貨幣政策,對外貿易自由化和國際化等等,均能彰顯績效,甚受肯定。唯目前波蘭尚有 16% 的高失業率,貧富懸殊擴大,犯罪率上升,猶待克服。

當 1993 年 9 月, 由前波共蛻變而來的民主左派聯盟贏得

大選上臺執政時，大眾傳播媒體一度曾視為「共產黨的新幽靈」又再度在東歐徘徊，這未免過度誇張。其實，休克療法已引導波蘭渡過最艱難階段。因此，左派政府一再表示，仍將繼續推動前政府未竟之業，波蘭不可能再走回頭路。波蘭的改革經驗，又將是改造社會主義體制令人津津樂道的新篇章。

波蘭政治危機再起

【1995 年 2 月 10 日／洪茂雄】

　　波蘭在 1980 年代因團結工聯掀起如火如荼的自由化運動，而令世人刮目相看，乃有東歐前社會主義國家「邁向民主化之火車頭」的美譽。1989 年 9 月，華沙率先組成戰後東歐國家第一個「非共」政府，而開啟了東歐鐵幕國家民主化的「骨牌效應」，奇蹟似地，不但促使共產黨政權和平轉移，而且也意外地改變了戰後中、東歐的政治地理。波蘭儘管在東歐扮演「民主化火車頭」角色，但其「民主列車」的軌道基礎脆弱，行走並不順利。波蘭自 1989 年 6 月舉行大選以來，幾乎每兩年就解散國會，重新改選；過去短短五年，已更換了五位總理，這就說明了波蘭政局的不穩定。

　　今年 2 月 6 日總統瓦文薩使出「撒手鐧」，逼迫政府改組或解散國會，又引發新一回合的政治危機。瓦文薩何以非要逼走巴夫拉克總理下臺不可？雖然他總算得逞，但由昔日對手、現任眾議院議長的歐列克西出面組織新內閣，即可化解這一場危機，從此府會之間就能相安無事嗎？

政治危機背景因素

　　波蘭在共產黨統治時期，採單一國會，國家元首就是由國會推舉的「國務委員會」主席，依慣例是由共產黨總書記兼任。

但民主化以後，憲法做了大幅度的修改，改採兩院制國會，設總統一職，由人民直接選舉產生，仿照法國半總統制，只不過波蘭的總統不像法國總統職權那麼大，有解散國會權。由工人出身的瓦文薩因推動波蘭民主化居功至偉，於 1990 年 12 月獲人民支持，當選波蘭有史以來第一任民選總統。瓦氏不甘寂寞，不願當一位有名無實的國家元首，對政府的施政措施或國會立法，一直把持己見，試圖施加其影響力。因此，總統與政府或國會之間的齟齬和矛盾，屢見不鮮。此次，瓦文薩總統之所以形同最後通牒迫使現任總理巴夫拉克辭職，其主要因素是：

　　第一，放慢經濟改革進程，行政效率低落。由民主左派聯盟和農民黨組成的左翼政府 1993 年 10 月上臺執政之後，國營企業私有化、抑制通貨膨脹和失業率均績效不彰，遠不如上屆蘇赫茨卡領導的政府，尤其貨幣改革，新舊紙幣混用，徒增市場混亂，人民怨聲載道。瓦文薩總統對巴夫拉克遇重大政策決定能拖就拖的領導風格，尤感不滿。

∽⃝ 巴夫拉克 ⃝∽

巴夫拉克 (Waldemar Pawlak, 1959～) 為波蘭人，在戒嚴期間就積極參與社會運動。於 1992 年 6 月 5 日擔任總理，僅持續三十三天，但其成為波蘭最年輕的總理。1993 年他第二次出任總理。2007 年至 2012 年則擔任副總理兼經濟部長。

⟋⟍⟍∽ 歐列克西 ∽⟋⟍⟍

歐列克西 (Józef Oleksy, 1946～2015) 是一位波蘭左翼政治家，自 1968 年起加入波蘭聯合工人黨，1995 年至 1996 年擔任波蘭首相。

內部矛盾猶待克服

　　第二，政府部門貪汙賄賂之風，備受社會非議，總理優柔寡斷，束手無策。政府高級官員在私營企業兼職，領取雙薪大有人在，如外交部長兼任民營銀行董事，政商利益輸送，貪汙醜聞頻傳。凡此惡劣情事，巴夫拉克總理總是大事化小，小事化無，極盡包庇能事。此等歪風對深具時代使命感的瓦文薩而言，更是難以忍受。

　　第三，總統與政府之間的職權爭吵不休。由曾被鎮壓的團結工聯領袖躍升為國家最高領導人的瓦文薩，一直想當一位有實權的強勢總統。因此，他經常過問內閣閣員的任命權。如1994 年 3 月就因財政部長任命問題，與聯合政府僵持不下。最近也因外交部和國際部兩部部長的人選各持己見，遲遲未定案。最令瓦文薩耿耿於懷者，即還在國會草擬的新憲法，有意採德國模式的內閣制，總統僅是虛位元首，立意限制總統職權；而瓦氏則要求採總統制，由他來發號施令，這也是瓦文薩執意要解散國會的另一動機。

　　雖然瓦文薩總統成功地迫使巴夫拉克總理下臺，但他另外兩項意願卻未實現，即誘引民主左派聯盟領袖克瓦斯涅夫斯基出來組閣和解散國會。前者，是瓦文薩競選連任最主要的勁敵，瓦氏希望他接任總理，背負改革不力的黑鍋，讓他出醜。但克氏決定留在幕後，保持其良好形象和實力。後者，瓦氏無故違憲解散國會，於事無補，反而使府會尖銳對立，代價過高。

　　準備銜命組閣的歐列克西曾是波共政權「末代政府」要員，負責社會衝突和工會事務部門，已多次與瓦文薩交過手，其政治手腕和辯才無礙，比瓦文薩略高一籌，在西方政界的口碑亦佳。瓦文薩現在的聲望如同葉爾欽一樣，跌落谷底。看來，波蘭的政治危機仍未落幕，瓦氏問鼎連任下屆總統，更將力不從心，難有把握了。

東歐國家改革前景

【1994 年 9 月 23 日／洪茂雄】

　　東歐國家自 1989 年以來，由中央指令性計劃經濟轉軌到市場經濟，歷經五年的改革摸索，是否還停滯不前，擺脫不了困境？抑或步上軌道正穩健向前推進？近代史上尚無社會主義體制改造為自由民主制度的先例，因此，東歐的變革，頗引世人關注。

已渡過最艱困階段

　　東歐各國，除了南斯拉夫解體後新獨立的各共和國因受戰火波及，情形特殊外，其餘國家的改革進程，儘管手段或策略不盡相同，但其最艱苦的「陣痛」期基本上業已渡過，市場經濟的熱絡景況已明顯展現。從種種跡象顯示，東歐國家的改革前景，並不如二、三年前那麼令人悲觀。相反地正由危機走向轉機，其前景大體上應是「謹慎樂觀」，有下列事實可資佐證：

　　其一，改革進程最艱困的階段已逐漸擺脫。東歐各國歷經五年的改革，波、匈、捷三國的工業生產額已停止下降，逐漸回升；羅、保、阿三國則已趨緩，受到抑制。中小企業私有化已完成八成以上，國營企業私有化也分別在五至六成之間，國內生產總值正由負增長回升到 0% 至 1% 左右。據估計，1994 年匈牙利可增長 1.5%，波蘭可達 4%。波、匈兩國前共產黨此

時接掌政權，的確也沾了前政府不少光，坐享其成。

東西歐邁向新里程

其二，東、西歐互動密切有助東歐穩定發展。1991 年以來，東歐與西歐的經貿關係日益密切，外貿比重已從過去的 20% 至 30%，提升至目前的 60% 至 70%。同時所有東歐各國也與歐洲共同體簽訂聯繫條約或貿易協定，東、西歐相互依存關係的增強，有助於東歐經濟復興與創造歐洲統合的有利條件。

其三，東西方冷戰落幕，一個和平穩定環境有利東歐政經發展。無可否認，戰後東西方長期的冷戰，阻礙了東歐國家的政治發展。但東歐「非共化」後，不但結束了冷戰，而且也使東歐納入歐洲社會的架構內。波、匈、捷、保、斯洛伐克、斯洛維尼亞等國已先後加入歐洲理事會，並且與北大西洋公約組織簽訂和平夥伴關係協定。準此以觀，東、西歐已由 1950 年代以來的對抗敵視態勢，進入 1990 年代的合作睦鄰關係，特別是蘇聯解體後來自東方的威脅大大減低。因此，一個和平穩定的環境，有助未來東歐各國的政經發展。

1993 年 2 月和 9 月，以及 1994 年 5 月，立陶宛、波蘭和匈牙利先後舉行國會大選，前共產黨獲勝重新上臺執政。大眾傳播媒體曾一度指稱，這是「後共產主義力量」，不可低估共產黨的捲土重來。其實，立陶宛、波蘭和匈牙利等共產黨，均已放棄共產主義，分別改名為「民主工人黨」、「民主左派聯盟」和「社會黨」，它們在大選中獲勝乃是政黨公平競爭，輪流執政

的常態，並不反映共產黨政治或社會主義的再起。東歐國家的民主改革，提供了一項寶貴的實證經驗，即馬列政黨唯一的出路：「一條道路，二個轉捩點」。具體言之，「一條道路」，即認同和選擇民主道路；「二個轉捩點」，即由改革開放走向政治多元化，由堅持計劃經濟和馬列思想轉向市場經濟。

俄國式的門羅主義

【1994 年 10 月 7 日／洪茂雄】

1991 年 12 月蘇聯解體迄今，已近三年。這個曾是雄霸世界一方的超級大國，雖然在地球上消失，導致國際共產主義運動的領導中心壽終正寢。但取代蘇聯臨時湊合的「獨立國家國協」（Commonwealth of Independent States; CIS，簡稱獨立國協），其成員內部卻紛爭不斷。諸如亞美尼亞和亞塞拜然之間兵戎相見，互不相讓；塔吉克和喬治亞兩國以及俄羅斯聯邦境內的車臣共和國則爆發內戰，仍陷入僵局；最近亞塞拜然的局勢又呈現緊張，總統阿利耶夫於 1994 年 10 月 3 日不得不宣布進入緊急狀態，防止局勢惡化。凡此種種「內憂」或「外患」，到底反映哪些問題？以獨立國協盟主自居的俄羅斯對其成員內部的動盪不安，又將持何種態度？倒是深受側目的焦點。

俄擴大影響力昭然若揭

蘇聯這個紅色帝國崩潰後，其境內某些加盟共和國所引發的動亂，有兩個共同點：其一，各加盟共和國取得主權獨立後，民族主義抬頭，試圖與俄羅斯保持距離，或減少對俄的依賴性；但其境內俄羅斯勢力依舊在，乃有所謂獨立派和親俄派相互較勁，並進而爆發衝突。其二，這些陷入內戰危機的共和國，無論是當權者或在野派，均同聲譴責俄國力量或暗或明，從中介

入，挑起紛爭，雪上加霜。前者，如烏克蘭、喬治亞、亞塞拜然、摩爾多瓦和土庫曼等，原來對獨立國協邁向經濟一體化和軍事一體化，均興趣缺缺。土庫曼和亞塞拜然甚至試圖加強與西方集團合作開發石油，以擺脫莫斯科的影響。1994 年 9 月巴庫政府（即亞塞拜然政府，巴庫為其首都）和西方石油公司簽署高達 70 億美元的合同，準備合作開發在裏海附近蘊藏豐富的能源，就引起莫斯科當局的不快。後者，當這些地區出現紛爭之際，因挑起衝突的一方來勢洶洶，顯然背後有人撐腰，否則不至於使對抗態勢愈演愈烈。例如烏克蘭境內的克里米亞問題，喬治亞內部的阿布哈茲獨立之爭，乃至亞塞拜然剛剛升高的內部對峙等等，執政當局均對俄羅斯插手介入，甚表不滿。

巴庫市空拍景　亞塞拜然巴庫政府欲擺脫俄國影響，加強與西方的互動與合作

阿布哈茲戰爭

阿布哈茲人為喬治亞內部的少數族群，主要分布於黑海沿岸的阿布哈茲區。一部分阿布哈茲人散居於土耳其、俄羅斯、烏克蘭等。蘇聯解體後，喬治亞爭取獨立，其內部的阿布哈茲人也

因想爭取獨立而與喬治亞人產生激烈衝突。1992 年至 1993 年爆發阿布哈茲戰爭，最後喬治亞退敗，在隔年，雙方簽訂停火協定。其後，聯合國及俄羅斯皆派遣維和部隊進駐當地，但雙方衝突從未停歇。2008 年，雙方衝突再次演變為戰爭，但隨即阿布哈茲便獲俄羅斯官方承認。目前，只有少數國家承認阿布哈茲為主權國家，而喬治亞政府、聯合國及其他絕大多數的國家則只承認其為喬治亞共和國下的自治共和國。

俄式門羅主義備受矚目

為何蘇聯解體後，俄羅斯仍時時不忘對獨立國協施加影響力？其實，若對前蘇聯境內的民族分布概況略加瞭解，即能得到明確的答案。很多俄羅斯人萬萬沒料到，當蘇聯解體時，竟有高達二千五百萬同胞，一夜之間變成「外國人」。根據資料統計，除了俄羅斯聯邦外，在前蘇聯其他十三個加盟共和國境內居住的俄羅斯人，其所佔比例，依次是哈薩克 (37%)、拉脫維亞 (34%)、愛沙尼亞 (30%)、烏克蘭 (22.1%)、吉爾吉斯 (16.7%)、白俄羅斯 (13.2%)、摩爾多瓦 (13%)、立陶宛 (8.9%)、土庫曼 (7.7%)、塔吉克 (7.6%)、喬治亞 (7.4%)、烏茲別克 (5.5%)、亞塞拜然 (4%) 等。基此，莫斯科當局師出有名，曾再三表明，凡若有損及俄羅斯民族的利益，和獨立國協局勢的穩定，俄羅斯均認為不符合睦鄰關係準則，礙難坐視。因此，當拉脫維亞和愛沙尼亞對俄羅斯少數民族未給予合理保障時，俄駐軍就遲遲拒撤。同樣地，當烏克蘭、摩爾多瓦、喬治亞和亞

塞拜然等國有意疏離獨立國協時，莫斯科就若隱若現，製造矛盾，施加壓力，迫其歸隊。再者，如亞塞拜然的納卡地區和喬治亞的阿布哈茲兩處爭端，俄派維持和平部隊，迫使聯合國默認。職此之故，俄對獨立國協各國日益展現的影響力，已引起華府和歐洲聯盟的關切。

俄國對獨立國協成員所施加影響，無異是「門羅主義」的再現。莫斯科當局之所以肆無忌憚，得心應手，其主要理由：第一，可對俄羅斯民族主義者有所交代，紓緩對葉爾欽的壓力。第二，美國可以動輒出兵格林那達、巴拿馬和海地等中南美洲國家，為何俄國不能「名正言順」地去挽救獨立國協成員的危機呢！後者，的確讓華府難以啟齒，指責莫斯科的不當。

1994 年東歐情勢的回顧與展望

【1994 年 12 月 30 日／洪茂雄】

　　1990 年代一開始，東歐這個前「社會主義大家庭」的演變，一直是舉世矚目的焦點。1990 年代已走過了一半，東歐在所謂的「後共產主義」時期，展現了哪些特點？歲末之際，回過頭來看看 1994 年東歐的情勢發展，並展望其未來，頗有助洞察東歐國家的真相。

後共產主義時期的特點

　　回顧 1994 年東歐的局勢，基本上可以歸納下列特點：其一，經濟體制轉軌進程大體上已渡過最艱困的階段。從一些數據顯示，大部分的東歐國家如波蘭、捷克、匈牙利、阿爾巴尼亞等，其國內的生產額已呈現增長跡象，波蘭可望達 5%，阿爾巴尼亞高達 10%。其他羅馬尼亞、保加利亞則停止下滑，正逐漸復甦。

　　其二，由共產黨改頭換面的左翼政黨東山再起，又上臺執政。繼 1993 年立陶宛和波蘭前共產黨在大選中獲勝之後，匈牙利和保加利亞又在 1994 年 5 月和 12 月的國會大選中，贏得絕對多數。由此可見，這些東歐前馬列政黨，只要徹頭徹尾「改造」，放棄不得民心的馬列教條，仍然還有機會重返政壇。

其三，推翻共產黨政權的新興民主勢力，因承擔共產黨長期統治沉疴，一方面包袱太重，另一方面內部權力爭奪導致分裂，退居在野黨。「打天下容易，治天下難」，昔日飽受共產黨壓迫的異議團體，因其有一個共同反對目標——共產黨，故較容易整合和團結。不過，等到他們把共同敵人推倒之後，如何分享權力，共謀改革之道，即屢屢爭吵不休，最終分道揚鑣，選民只好投下抗議票，還以顏色。

邁向復興坦途猶待努力

其四，民族主義過度高漲，阻礙民主改革進程。凡是國內民族主義相當盛行的國家，其政經發展均受嚴重打擊。大羅馬尼亞主義與匈牙利裔之間的矛盾，保加利亞與土耳其裔的相互猜忌，希臘為阿爾巴尼亞境內的希裔撐腰，多少牽制了民主改革進程的腳步。其中，尤以前南斯拉夫境內各民族的流血衝突，更是血淋淋的教訓。過去一年來，巴爾幹危機也說明了後共產主義時期最大的不幸。

不過，儘管東歐仍有諸多不盡理想之處，但整體觀之，東歐市場已出現熱絡景象，通貨膨脹得到抑制，和兩、三年前相比，已有明顯進展，是外人投資的好消息。從歐洲的經濟景氣回升看來，尤其歐洲經濟發展火車頭的德國，正擺脫統一帶來的沉重負荷，經濟增長大有起色。準此，東歐也將蒙受其惠。展望 1995 年，東歐國家在政治方面，因有較強勢政府，政局會愈趨穩定，在經濟方面，則因企業私有化進程可大部分完成，

對經濟發展頗為有利。唯波士尼亞－赫塞哥維納境內是戰抑和，
前景難卜。

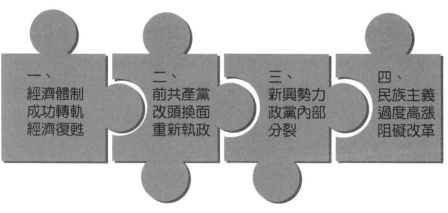

東歐「後共產主義」時期情勢發展

共產黨的新幽靈又在東歐徘徊嗎？

【1995 年 12 月 8 日／洪茂雄】

　　當 1989 年洶湧澎湃的民主浪潮將東歐共產黨政權逐一推倒後，一般咸認，極權的「國家社會主義」宣告破產，以標榜推行「社會主義建設」自居的共產黨也壽終正寢，走入歷史。但事隔三、四年，由前共產黨「脫胎換骨」蛻變而成的社會黨或社會民主黨又東山再起，重回執政。因此，某些大眾傳播媒體開始大作文章，指稱共產黨「新的幽靈」再度在東歐徘徊，「共產黨的復活」，「後共產主義現象」等等。東歐前馬列政黨果真復活了嗎？東歐各國的民主化進程難道也將逆轉，走回頭路？本文想就此問題，來探索其真相。

共產黨蛻變面目全非

　　一般新聞媒體將東歐前共產黨「回潮」重新執政的現象，大事渲染，其主要依據，即自 1993 年 2 月，立陶宛前共產黨領袖布拉藻斯卡斯贏得大選，再度膺任總統，領導立陶宛；其後，1993 年 9 月，由波共原班人馬改組而來的民主左派聯盟，又把團結工聯組成的政黨趕下臺，捲土重來，躍居執政黨；隨後，1994 年 5 月，匈牙利國會改選，執政的民主論壇慘敗，由匈共蛻變而成的社會黨取而代之，上臺當政；同年 12 月，保加利亞

推翻共產黨政權的民主力量聯盟，在國會大選中失利，由保共化身的社會黨奪回政權；及至 1995 年 11 月 19 日，由於帶動波蘭民主化享譽國際，因而獲得 1983 年諾貝爾和平獎的團結工聯領袖瓦文薩，雖有其赫赫聲望和強而有力的教會支持，卻敵不過一位曾是共產黨員，剛出道不久、年僅四十一歲的克瓦斯涅夫斯基。無疑地，這些剛上臺主政的社會黨或民主左派聯盟，均與前共產黨脫不了關係。但僅憑這種表面粗淺的印象，就認定共產黨新的幽靈又在東歐升起徘徊，「共產黨復活」回潮，未免幼稚，不明就裡。只要略加觀察最近五年來的東歐變革，應不難了解共產黨「改頭換面」的真相。東歐共產黨的蛻變，早已面目全非，要其回到先前的模樣，也是回天乏術。因此，共產黨新的幽靈欲在歐洲找到基地復興，可能性微乎其微！

共產黨質變中間偏左

為何說東歐前共產黨的蛻變，已面目全非，很難辨識其原來的廬山真面目，歸根究柢，有如下論證：

其一，這些從共產黨「脫胎換骨」而來的社會黨或社民黨，一開始就義正詞嚴表明，與過去歷史一刀兩斷，儼然成為一個嶄新注入新血的民主政黨，已和過去列寧政黨的屬性大異其趣。其二，這些改冠社會黨或社民黨的前共產黨，其新黨綱根本揚棄馬列主義此類意識形態，而向西歐的社民黨看齊，改行「中間偏左」路線。匈牙利社會黨、波蘭社會民主黨（即目前民主左派聯盟的主流）和保加利亞社會黨等，在它們更改黨名之際，

就已清楚地主張，要走「社會民主」的中庸之道，沒有照單全收過去的共產黨黨員，而必須重新申請入黨。其三，即使還保留共產黨原名的捷共和俄共，或是繼承昔日共產黨傳統的匈牙利工人黨和羅馬尼亞社會主義勞動黨，其黨綱也做了大幅修正，改弦易轍，改口肯定市場經濟和政治多元化，放棄無神論和無產階級專政主張。捷共、俄共尚可維持大黨地位，匈牙利工人黨、羅馬尼亞社會主義勞動黨則漸失政治舞臺。無論如何，這些仍堅持發展社會主義的政黨，也不可能回到「一黨專政」的時代。其四，東歐各國和俄羅斯均步上政黨政治軌道，有強大反對黨可資制衡，並且定期舉行自由選舉，任何政黨企圖壟斷權力，談何容易。

　　準此以觀，在後共產主義時期的東歐各國，政黨政治愈臻成熟，政黨輪流執政誠屬常態。誤認前共黨捲土重來，就是共產黨新的幽靈再起，或「共產黨的復活」，其言未免誇大，失之千里。

📱歷史對講機

　　蘇聯解體後，東歐國家的發展樣貌可以分作兩個部分來做觀察：㈠六個蘇聯時期的東歐附庸國（亦即東德、波蘭、捷克斯洛伐克、匈牙利、羅馬尼亞與保加利亞）：首先，東德與西德統一，形成統一的德國；其次，捷克斯洛伐克於 1993 年透過「絲絨革命」和平分家，形成「捷克共和國」與「斯洛伐克共和國」。所以，我們可以說，原來的東歐附庸國結構現在已經轉變為波蘭、捷克、斯洛伐克、匈牙利、羅馬尼亞與保加利亞等六國。這六個東歐國家都已完全脫離俄羅斯的控制，成為民主化與市場經濟國家，而且在外交上也都採取「西向政策」，加入歐盟和北約。

　　㈡位於東歐地區的原蘇聯加盟共和國：這些國家包括波羅的海三國（愛沙尼亞、拉脫維亞、立陶宛）、白俄羅斯、烏克蘭與摩爾多瓦等六國；蘇聯解體後，波羅的海三國與上述東歐附庸國一樣，皆採取「西向政策」，成為歐盟與北約會員國；而白俄羅斯、烏克蘭與摩爾多瓦則在 1991 年加入以俄羅斯為首的「獨立國家國協」，白俄羅斯更加入了普丁所極力倡導的「歐亞經濟聯盟」(Eurasian Economic Union; EAEU)；然而，烏克蘭則因 2005 年與 2009 年兩次天然氣斷氣事件而與俄羅斯關係生變，2014 年克里米亞事件與烏克蘭危機更讓烏克蘭與俄羅斯關係雪上加霜，使得烏克蘭與歐盟、北約結盟的意願不斷升高。

◆ 德國

　　1990 年西德柯爾總理完成德國統一的歷史任務，獲得「統一總理」的稱號，在慶典上，柯爾總理是笑得合不攏嘴。而德國人民也是欣喜若狂，老老少少開車上街狂按喇叭、年輕人爬上柏林圍牆跳舞開香檳、教堂和平鐘聲更是響徹雲霄。德國人慶祝德國統一的好心情，溢於言表。一時之間，「德國統一」好像帶給德國人無限的希望，但統一後的現實生活卻澆熄當時的喜慶心情，因為德東地區的經濟、社會狀況一直差強人意，因此引發許多問題。

1987 年美國總統雷根在柏林布蘭登堡門前發表著名演說《推倒這堵牆！》疾呼蘇聯拆除圍牆

　　德國統一後，為迅速重建德東地區，德國人做了許多努力：

　　首先，德國政府鼓勵德國大企業到德東地區投資，以創造就業機會，解決德東地區高失業問題。

　　其次，德國聯邦政府、柏林邦政府、前西德地區各邦邦政府與歐洲聯盟都不斷給予德東地區援助經費，以改善德東地區的基礎建設。

　　最後，在德國政府規劃，以及德國人默許下，每位有收入的德國人，都自動從薪資中提撥 5～7% 當協助建設德東地區的經費，是所謂的「團結稅捐」(Solidaritätszuschlag)。

　　但是，這些努力的成效好像不是很理想，德國大企業礙於德東地區基礎建設不良、勞動素質不高、勞工福利過高等因素，而寧願到東歐國家或中國投資，使得德東地區的失業率居高不下、經濟發展緩慢、社會治安問題層出不窮。至今，德國已經統一二十多年，東西德間的疆界已經消失不見，但是，東西德人民的心理疆界卻一直存在，於是略帶 「二等公民」 貶意的「Osi」（東德佬）稱呼，也因此流傳在德國社會某些角落。所以，我們可以說，德國只是完成政治上的「形式統一」，而要讓東西德人民以平等地位融洽生活在一起的「實質統一」，還需要一段時間的努力。

東西德「統」不堪言

【2010 年 10 月 1 日／洪茂雄】

　　1990 年 10 月 3 日東西德正式和平統一，迄今剛好屆滿二十週年。令人不免要問，究竟德國政府為了重建東德殘破不堪的經濟，付出多少代價？前西德人民和前東德居民對統一後的德國，抱持何種態度？

　　首先，資料顯示，過去二十年為了使得德東地區經濟起死回生，曾投下一兆五千億歐元，簡直是天文數字。一般估計，要拉平德東和德西的生活水準，還需要十年工夫，每年尚需提供三百億歐元的資金，始能恢復德東經濟自主，並緩和高達 13% 的失業率。可見，統一工程千頭萬緒，並不輕鬆。

　　其次，根據「人民團結聯合會」 2010 年 8 月 31 日公布《2010 社會報告》稱，有高達 50% 德國公民不認同統一，有 40% 認為德東德西僅存在小幅差異，卻有 56% 認為區別巨大，並相信這一狀況還將持續五十年；其中 13% 對兩德統一不滿，仍認為東德實行社會主義較好；11% 的德西人希望重建柏林圍牆。準此以觀，德國聯邦政府即使增加團結稅捐和投下龐大資金，並沒有贏得德國人的民心。

歷史對講機

　　德國統一至 2019 年已經超過四分之一世紀，在這段期間，總共經歷了柯爾、施洛德與梅克爾三任總理，每位總理對統一的德國皆有卓著貢獻，使得德國一直維持「歐洲第一」與「世界大國」的地位。

　　在歐洲，德國是歐洲統合運動的支持者，傳統上與法國和英國被視為歐盟三大領導國；而在梅克爾執政期間，德國成功領導歐盟渡過「歐債危機」，使得德國在歐盟的領導地位更加鞏固，未來梅克爾將繼續領導歐盟向前。而在國際上，德國以其強大的經濟實力，以及八千兩百多萬的人口，成為國際社會中，最大的援助國家之一，在聯合國爭端解決體系中，德國已佔有一席之地，在聯合國「5＋1」談判模式中，德國常常與聯合國五大常任理事國一同出席解決國際爭端問題（例如：伊朗核子問題談判），其表現備受肯定，德國儼然成為一個大國的角色。

　　不過，德國統一後的內部問題卻是一大隱憂，目前的犯罪難民問題、恐怖主義問題、以及社會不公平問題，都是刻不容緩的課題。德國極右派政黨「德國另類選擇黨」(Alternative für Deutschland; AfD) 在 2017 年 9 月 24 日的國會大選中，以 12.6% 的得票率首度進入國會，並成為第三大政黨，這將是梅克爾未來最大的挑戰，德國政局將因「德國另類選擇黨」的壯大而增添新的變數。

德國國會大廈　曾是德意志帝國的帝國議會、威瑪共和國議會。二
戰後遭到廢棄，直至兩德統一後才重建

亞歷山大廣場　位於柏林的亞歷山大廣場，在兩德統一前，隸屬於
東德。統一後，則仍保留社會主義時期的電車線路

◆南斯拉夫

「南斯拉夫」這個詞意味著「南部斯拉夫人居住的地方」，地理分布在「多山」的巴爾幹半島上。而巴爾幹半島是歐亞交通要道，自古至今一直是兵家必爭之地，因此羅馬帝國、拜占庭帝國、鄂圖曼帝國與奧匈帝國都曾經在這塊土地上插旗稱王，激烈的政治權力鬥爭，加上頻繁的種族衝突，使得巴爾幹半島成為人人口中的「火藥庫」。我們常常用「一個國家、二種文字、三種語言、四種宗教、五個民族、六個共和國」來形容南斯拉夫（亦即「南斯拉夫社會主義聯邦共和國」）的複雜性與多樣性。1914 年 6 月 28 日薩拉耶佛 (Sarajevo) 事件，南斯拉夫民族主義分子刺殺奧匈帝國皇儲導致第一次世界大戰爆發，南斯拉夫成為衝突的焦點；第二次世界大戰結束後，南斯拉夫共產黨領導人狄托倡導「不結盟運動」，與美蘇聯盟體系劃清界線，避開冷戰時期激烈的意識形態衝突，無形中提升南斯拉夫的國際地位，但是主張民族自決、積極中立與獨立社會主義道路的「狄托主義」仍然無法平息境內的民族衝突，暗潮洶湧的民族主義運動，讓南斯拉夫處於高度政治緊張的環境中。

═══∽⌒◌ 狄 托 ◌⌒∽═══

狄托 (Josip Broz Tito, 1892〜1980) 出生於克羅埃西亞，1953 年當選南斯拉夫第一任總統。狄托在南斯拉夫實行屬於自己的社會主義，並巧妙維繫南國內的平和，使境內各民族得以不爆發衝突。

狄托

狄托主義

狄托主義被視為社會主義中不斷的修正主義，意涵為民族自決、獨立的社會主義道路和積極中立。在外交關係上，為維持和平、尊重國家獨立與主權完整原則，決定不參加任何軍事集團，其主要原則為反對以蘇聯為國際共產主義運動的中心，並認為國家主權獨立自主為世界和平的基礎。

　　隨著 1990 年初期，東歐國家民主化運動漸漸開花結果，南斯拉夫受其影響，境內六個共和國的民族主義分子也紛紛揭竿而起，企圖脫離南斯拉夫，進而獨立建國。1991 年 6 月 25 日斯洛維尼亞與克羅埃西亞兩共和國宣布獨立，於是爆發一連串的南斯拉夫內戰；當時，以繼承南斯拉夫正統自居的塞爾維亞共和國總統米洛塞維奇 (Slobodan Milosevic, 1941～2006) 派兵鎮壓，試圖維持南斯拉夫的統一與完整。但在德國與歐盟國家先後承認斯洛維尼亞與克羅埃西亞獨立建國後，米洛塞維奇被迫屈服，南斯拉夫慢慢步上瓦解的道路。

　　隨後，波士尼亞─赫塞哥維納（以下簡稱波赫）也發起獨立運動，但境內波西尼亞人、克羅埃西亞人與塞爾維亞人，三

強鼎立，因此爆發長達三年之久 (1992～1995) 的嚴重內戰，最後在北約的干預下，簽訂《岱頓協定》(*Dayton Accords*) 結束這場戰爭，波赫才成為獨立國家。

　　馬其頓也在發生內戰後獨立建國，國號在希臘的堅持下訂為「前南斯拉夫馬其頓共和國」。1999 年 3 月塞爾維亞西南部的阿爾巴尼亞人自治省科索沃 (Kosovo) 亦搭上獨立列車，與塞爾維亞政府武裝軍隊衝突激烈，在大批難民潮的壓力下，北約再度出兵干預這場內戰，在北約七十七天猛烈空襲之後，塞爾維亞政府軍隊撤離科索沃，之後在一百多個國家的承認下，科索沃成為獨立國家。

　　至於，蒙特內哥羅（亦稱黑山國）則是於 1992 年先和塞爾維亞組成「南斯拉夫聯盟共和國」，2003 年重組改名為「塞爾維亞與蒙特內哥羅」和平相處幾年後，蒙特內哥羅亦宣布脫離「塞爾維亞與蒙特內哥羅」，成為獨立國家。至此，南斯拉夫正式瓦解，分裂成包括科索沃在內的七個國家。

南斯拉夫內戰

內戰順序大致是：1991 年的克羅埃西亞獨立戰爭；1992 年波赫戰爭；1996～1999 年科索沃戰爭。

巴爾幹戰事何時休

【1995 年 5 月 5 日／洪茂雄】

　　南斯拉夫是一個多民族國家，境內大小民族共有二十四種之多。由於宗教信仰不同，歷史文化背景迥異，南斯拉夫經常被這樣形容：「一個國家、二種文字、三種語言、四種宗教、五個民族、六個共和國。」因此，這個巴爾幹半島國家乃有「火藥庫」之稱。二戰後，狄托集大權於一身，奉行共產主義，刻意實行民族和解政策。唯狄托在位長達三十五載，不僅無法化解民族嫌隙，而且由他建立的各民族「集體輪流」統治模式也難以維繫。蘇聯崩解後，南斯拉夫內部本就存在的民族問題愈益激化，其中塞爾維亞族欲獨攬大權，不惜以武力反對其他族群獨立，而使南斯拉夫境內爆發一連串內戰。

　　狄托逝世剛屆十五週年，如他地下有知，對他所創建的南斯拉夫竟已面目全非，該作何感想！

　　1991 年 6 月，斯洛維尼亞和克羅埃西亞宣布獨立，導致南斯拉夫爆發內戰，隨即使這個倡導「不結盟運動」開路先鋒的「社會主義聯邦」宣告解體。前南斯拉夫一分為五，斯洛維尼亞、克羅埃西亞、馬其頓、波赫等共和國雖都實現獨立的願望，可是，除了斯洛維尼亞、馬其頓兩國尚稱局勢穩定外，克羅埃西亞、波赫兩個共和國境內劍拔弩張，充滿火藥味。

━━◦◦◦ 不結盟運動 ◦◦◦━━

指國家採取不與美、蘇兩大強國中的任何一國結盟的外交政策，此運動始於冷戰期間。

1992 年 3 月，波赫境內爆發波赫戰爭，起因為受 1991 年克羅埃西亞獨立戰爭影響，使波赫境內克羅埃西亞人與波士尼亞人也欲尋求獨立，但波赫內塞爾維亞族大力反對，最終演變為內戰，挾持強大武力的塞爾維亞族陸續佔領多地。目前戰端已進入第三個年頭，由美國前總統卡特充當「和平使者」，從中斡旋所達成的四個月停火協議，時效已滿，期間戰火此起彼落，並未中斷。克羅埃西亞則不滿其境內塞族阻礙扎格拉布（克羅埃西亞首都）和貝爾格勒（塞爾維亞首都）之間高速公路的通道，1995 年 5 月 1 日突然進兵攻佔該處通道要地，收復部分失土，再度掀起克國內塞爾維亞、克羅埃西亞兩族之間的緊張。因此，又令人感嘆萬千，巴爾幹戰事，沒完沒了，幾時休？

戰火不停癥結所在

巴爾幹半島是多民族聚居的地區，史家稱這個地方是「火藥庫」，有其一定的依據。光是在第一次世界大戰前後，這個地處歐亞交通要道的巴爾幹，即發生過多起戰爭，早已埋下各民族之間的歷史仇恨。

綜觀前南斯拉夫三年多來的流血衝突，何以戰火無休無止，

陷入僵局，其癥結所在，除了歷史文化、宗教信仰等因素外，最重要的關鍵即：其一，內戰初期，彼此間進行殘酷的種族淨化勾當，結下深仇大恨，非短期間內可以療傷止痛。其二，聯合國和歐洲聯盟執行「有限失土」政策，對進行擴張的塞族而言，形同獎賞；相反地，對波赫境內的克羅埃西亞人與穆斯林來說，喪失大片河山，卻要被迫接受現實，無異鼓勵侵略者，處罰受害者，自難心服。

有限失土

二次世界大戰結束，歐洲各國都同意尊重現有疆界，也就是說戰後現存邊界不可改變，因而有所謂的「有限失土」政策，如德、波邊界和德、捷蘇臺德地區。有關領土的歸屬仍未解決，但為建構歐洲和睦大家庭，有識之士乃倡導此政策自我安慰。

克波情勢前景堪虞

目前，存在於克羅埃西亞和波赫境內最棘手的難題，莫過於要不要光復遭塞族奪去的失土呢？抑或接受失去大塊江山的事實呢？在克羅埃西亞境內有三分之一的領土被克國塞裔所佔領；在波赫境內則有七成的領土由塞族所控制。顯然地，塞爾維亞人企圖確保既得利益，絕不肯輕言放棄用流血得來的「戰利品」。因此，由聯合國和歐盟所提出的多項和平方案，均告失敗。反觀克、波二國，更難忍受失地之痛，總要想盡辦法，光

復河山。如此互不相讓，仇恨愈結愈深，這一場民族間的戰爭，也就注定不易善了。

這些年來，國際社會的巴爾幹政策，幾乎由英、法兩國所主導；美國對前南斯拉夫的內戰，一開始就心存觀望，無意介入；俄羅斯則有意無意偏袒塞爾維亞這邊，無形中掣肘了北約的威懾力量，使塞族膽大妄為，得寸進尺。無論如何，聯合國和歐盟該認真檢討現行政策了，重訂新的、有效的政策，刻不容緩；否則，唯有撤走維和部隊一途，任衝突各方自生自滅，或自求多福。

克羅埃西亞獨立戰爭遺跡

聯合國在波赫飽嚐苦果

【1995 年 6 月 2 日／洪茂雄】

　　波赫的塞爾維亞族為了報復聯合國、北約介入內戰而發動兩次空中襲擊，鋌而走險，不計後果，公然扣押近四百名聯合國維持和平部隊的士兵和軍事觀察人員，作為人質或人肉盾牌，企圖牽制北約進一步的攻擊。波赫塞族領導當局公開宣稱，所扣押的聯合國和平部隊是「戰犯」，並斷然表示，過去聯合國有關波赫邊境的決議案與北約最後通牒一概無效。波赫塞族擺出這種強悍的態度，無異向以維持和平為宗旨的聯合國挑戰。那麼，聯合國是放棄搖搖欲墜的「維和」宗旨，知難而退呢？抑或挽回喪失威信的顏面，重振聯合國的尊嚴，在波赫貫徹聯合國的和平方案呢？無疑地，巴爾幹這一場民族衝突危機，正是考驗聯合國的試金石。

飽嚐苦果束手無策

　　自波赫境內爆發戰端迄今，已進入第四個年頭。這一場民族間的流血衝突，不但使歐洲人有無力感並束手無策，而且也把聯合國拖下水，飽嚐苦果，進退兩難。最引世人側目者，莫過於代表國際社會居間斡旋的聯合國，竟然會面臨諸多棘手又不可思議的難題。舉凡：其一，提出多次和平方案，卻一改再改，對衝突各方幾乎無計可施；其二，聯合國耗費可觀財力，駐紮二萬二千餘名藍盔軍（維和部隊代稱），頂多只能從事人道

救濟工作，卻維持不了和平；其三，北約在聯合國的同意下，動用武力制裁，非但發揮不了威懾作用，反而使藍盔軍成為人質，備受羞辱；其四，由聯合國指定的六個穆斯林族保護區，塞族不予理會，屢遭挑釁，維和部隊也無能為力；其五，即使聯合國安理會通過對塞族施加各項制裁，仍然嚇阻不了大塞爾維亞主義的囂張行徑。凡此種種的確令這個有五十年歷史的聯合國吃盡苦頭，顏面難堪！

聯合國維和部隊搬運波赫戰爭中的遺體

塞族膽大妄為主因

波赫塞族何以甘冒大不韙，以恐怖手段，強押維和士兵充當人肉盾牌，不惜與國際社會為敵？究其原因不外乎：第一，聯合國的因應對策優柔寡斷，難以貫徹。南斯拉夫解體後，歐美對巴爾幹政策一開始就呈現分歧，各有所表，決策搖擺不定，而助長了塞族氣燄。第二，聯合國派駐的藍盔軍兵力有限。在

波赫的維和部隊是分別來自十餘個國家的雜牌軍，一方面過於分散，僅具人道援助功能；另一方面只配備防禦性輕型武器，無力反擊，使得塞族民兵有恃無恐。第三，北約進行武力干預時，過於草率。美國未派遣地面部隊，比較熱衷空中軍力的打擊，歐洲國家則擔憂維和的藍盔軍成為人質而受害，頗不以為然。事實證明北約的武力干預，未做周密規劃，弄巧成拙予塞族可乘之機。第四，塞族掌握地理優勢，攻守兼備。波赫多山，塞族熟諳地理環境，又控制戰略要地和大部分資源，反觀來自各國的藍盔軍，人地生疏，不易發揮戰力。很明顯地波赫塞族基於以上因素，才敢為所欲為，致使聯合國灰頭土臉，權威盡失。

波赫邊境危機如何收場

那麼，國際社會又將如何來收拾波赫這場戰爭殘局？

基本上有三種可能發展：其一，聯合國維和部隊知難而退，鎩羽而歸，同時解除對穆斯林武器禁運；其二，不撤軍，增加軍力貫徹維持和平目標；其三，聯合國大軍壓境，嚴懲波赫塞族的擴張野心。

第一種發展，勢必使衝突升高，愈演愈烈，難免又是一次人類浩劫。目前，聯合國祕書長和大部分西方國家是不贊成撤軍。第二種發展，以維持現狀為考量，雙管齊下，一方面加強兵力，集結藍盔軍的戰備，重新部署，必要時可以反擊；另一方面採政治手段，與貝爾格勒政府討價還價，促其承認波赫，

藉以軟化或孤立波赫塞族，迫使走上談判桌。這種可能性似乎比較大。第三種發展，有一個前提，除非塞族執迷不悟，完全與聯合國撕破臉，沒有談和的餘地，則國際社會合力嚴處波赫塞族，並非不可能。不過，聯合國、歐洲聯盟、俄羅斯和貝爾格勒政府之間的互動，仍是決定波赫情勢發展的主要關鍵。

南斯拉夫有解體危機

【2000 年 2 月 5 日／洪茂雄】

　　目前南斯拉夫正面臨三大難題：其一，民族利害衝突升高。境內各民族糾紛不斷，彼此間猜疑甚深，互不信賴，其中最大民族塞爾維亞族的民族主義高漲，企圖獨攬大權，造成與其他民族失和，尤以科索沃自治省的阿爾巴尼亞族屢受壓制，導致暴亂不止。其二，經濟問題惡化。1980 年代以來，南國的經濟狀況一直無法擺脫困境，通貨膨脹率始終維持在三位數，1999 年更打破紀錄，高達 2,000% 以上，失業人口劇增，是東歐之冠。在這樣的經濟條件下，自然容易滋生事端。其三，南共內部呈現分裂，南斯拉夫在民族問題的矛盾和經濟發展不均的情況下，六個共和國和兩個自治省的共產黨基於本身利益的考慮，早已貌合神離，自求多福。1990 年南共「十四大」，坐落在北部的斯洛維尼亞共和國更直截了當地要求，各加盟共和國的共產黨應獨立於中央，不再受貝爾格勒中央黨部的支配，鬧得不歡而散。

　　當前南斯拉夫情勢的演變，與蘇聯頗多相似，都是多民族國家。第一個難題，阿爾巴尼亞族和塞爾維亞族如同亞美尼亞和亞塞拜然之間均有世仇，一向相處不睦，最近科索沃自治省的動亂，也迫使南國中央政府派兵干預；第三個難題，較富裕

的斯洛維尼亞共和國，其民主化腳步最快，恰如立陶宛，要求
獨立自主，使得貝爾格勒和莫斯科大感頭痛。

　　不過，現階段蘇聯和南斯拉夫最大的差異是，莫斯科有一
位世界級的領袖，深得西方民心，有自由世界在背後撐腰，或
許還可以渡過難關。但南斯拉夫目前沒有這個條件，加上東歐
洶湧澎湃的民主浪潮帶來的衝擊。因此，顯然地，南斯拉夫內
部正投下難解的變數，使得這個「巴爾幹火藥庫」危機四伏，
隨時有解體的可能。

科索沃戰爭中的阿爾巴尼亞難民

歷史對講機

　　眾所皆知，狄托、納瑟和尼赫魯是 1961 年所成立的不結盟運動三巨頭，但這三人中以狄托所創建的歷史脈絡，最令南斯拉夫人民難以忘懷。1960、1970 年代狄托為鞏固其威權，一再修憲，最終使憲法明文規定狄托是「永遠的總統」。當此惡例一出現，舉世譁然。造成 1990 年代組成南國的重要成員紛紛求去：斯洛維尼亞加入北約、歐盟 (2004)，克羅埃西亞加入北約 (2000)，蒙特內哥羅加入聯合國 (2006)，使這個南斯拉夫聯邦改名為南斯拉夫聯盟共和國，四分五裂、徹底瓦解。最令人感到惋惜的是，在內戰期間，約有二百萬以上平民百姓流離失所、無家可歸。其中共有三十萬人以上遭戰火殺害。即使北約組織在歐洲首次動用兵力來發揮其威懾攻擊，但因巴爾幹多山地形隱密，導致北約無功而返。其中最令人感到意外的是：

　　第一，絕大多數政府軍高級將領均遭海牙國際法庭通緝，就是領導塞爾維亞來對抗西方的米洛塞維奇也不例外，他是第一個被軍事法庭捉拿的要犯，後來在獄中飲藥自殺。第二，「一國兩制」即一個國家兩個政治實體的設計，因是在特殊環境下建造出來的政治體制，經過一段時間試行也可看出其端倪。

　　1995 年 11 月由美、英、法和波赫、克羅埃西亞、塞爾維亞衝突三方首腦，於美國岱頓進行協議，並於同年 12 月簽訂協議，此項協議經過二十一載，也可看出其和平曙光。

　　《岱頓協定》的精神只不過是屬於全國性事務，如國防、

外交、財政、司法、對外貿易案件歸中央政府管轄，其他屬地
方性事務則由三個主要構成民族分區治理。

　　總結來說，巴爾幹內戰如沒有外力積極干預，其後果不堪
設想。

§ 其他專題

◆ 北約與歐盟

1949 年歐美國家聯合成立「北大西洋公約組織」，目的在於保護會員國的領土安全與抵抗蘇聯的武力威脅。就性質而言，北約是一個集體防衛 (Collective Defence) 組織，有自己的軍事資源（例如：全天候空中預警機 AWACS）與軍事基地（例如：義大利拿坡里北約海軍基地）；而且當某個會員國遭到武力攻擊時，其他會員國應該給予軍事援助以保護之，這就是所謂的「第五條款」(Article 5)，美國發生「九一一事件」時，北約即啟動「第五條款」，派遣全天候空中預警機援助美國。

然而，北約是冷戰的產物，其主要敵人就是蘇聯集團的「華沙公約組織」，不過，「華沙公約組織」於 1991 年 7 月 1 日宣布解散，因此國際上要求廢除北約聲浪越來越高，但經過結構與任務轉型之後，北約有驚無險地存續下來。目前北約儼然成為一個可以執行「域外行動」(Out of Area) 的軍事組織（例如：北約在阿富汗的軍事行動），同時北約也變成一個可以和非北約國家進行協商談判的政治對話組織（例如：北約與俄羅斯的政治對話）。

就會員國結構而言，北約是由美國、加拿大、英國、法國、義大利、荷蘭、比利時、盧森堡、葡萄牙、丹麥、挪威與冰島等十二個創始會員國建構而成，冷戰期間希臘 (1952)、土耳其

(1952)、西德（1955，1990 後以德國名義加入）、西班牙 (1982) 陸續加入北約，會員國數量增加為十六國。冷戰結束後，波蘭、捷克與匈牙利於 1999 年加入北約，成為第一批加入北約的東歐國家，之後北約繼續向東與向南擴大，2004 年先後加入了愛沙尼亞、拉脫維亞、立陶宛、斯洛伐克、羅馬尼亞、保加利亞、斯洛維尼亞，2009 年又加入了克羅埃西亞、阿爾巴尼亞等東歐與東南歐國家，蒙特內哥羅則在 2017 年時加入，這些國家的加入使北約目前的會員國數目達到二十九國 。 詳見本書第 203 頁。

而為了與前蘇聯加盟共和國維持良好安全關係，北約設立了三個重要機制：

㈠ 「北大西洋合作理事會」 (North Atlantic Cooperation Council; NACC) 於 1991 年設立，1997 年改名為 「歐洲─大西洋夥伴理事會」(Euro-Atlantic Partnership Council; EAPC)，這是北約與非北約國家（包括所有前蘇聯加盟共和國與東歐國家）進行政治與安全議題對話的多邊論壇。

㈡ 「和平夥伴關係計劃 (Partnership for Peace; PfP)」：北約於 1994 年創設 「和平夥伴計劃」，作為北約與前蘇聯國家間的信心建立機制，俄羅斯、白俄羅斯、烏克蘭、摩爾多瓦、中亞五國與外高加索三國都是北約的 「和平夥伴」 國家。

㈢ 「北約─俄羅斯理事會」 (NATO-Russia Council)：這是北約特別為俄羅斯量身定做的合作平臺，於 2002 年成立，在過去十幾年當中，北約與俄羅斯持續透過「北約─俄羅斯理事會」

達成許多有關國際反恐、軍事合作、防止武器擴散等合作。
2014 年因為「克里米亞事件」與「烏克蘭危機」，北約會員國
決議暫時中止與俄羅斯的合作，但「北約─俄羅斯理事會」的
例行性對話仍將繼續。

簽署《北大西洋公約》　1949 年美國總統杜魯門於華盛頓簽署《北大西洋公約》，
北約正式成立

俄國與北約之間的心理防線

【1994 年 6 月 24 日／洪茂雄】

　　俄羅斯經過數月的討價還價，終於在 1994 年 6 月 22 日正式簽署北約的「和平夥伴關係計劃」，成為北約這個新計劃的第二十一個成員。無疑地，俄國最終繼前華約組織會員國與北約建立和平夥伴關係，正標誌著後冷戰時代東西方由對抗轉為合作，重建歐洲新秩序的新里程。

　　本來俄羅斯參加北約和平夥伴關係，一開始就頗曖昧曲折。葉爾欽總統對華約解體後東歐國家加入北約和平夥伴關係這個問題上，首先不以為然，隨後持謹慎不反對態度，最後順應時勢也表示，願於 4 月底正式簽署該項協定。可是，莫斯科何以推遲至 6 月底始告定局？事實上，從俄國與北約之間的心理防線略予觀察，就不難知其緣由。

俄盼獲更多外交經濟利益

　　就俄羅斯的立場而言，儘管蘇聯解體，但莫斯科當局仍毫不遮掩，以超級大國自居，自然不情願與前華約國家同等地位參與北約的和平夥伴關係，而損及其昔日威望。因此，俄國一再要求，應予特殊地位，並對涉及東歐重要安全議題享有發言權。不過，說穿了，當前俄國的主要意圖，一方面希望北約納入歐安會的架構內，藉此削弱北約的重要性，使其仍對東歐地區和獨立國協展現舉足輕重的影響力；另一方面試圖通過北約

夥伴關係，作為籌碼，藉此得以加入七大工業國組織，以及與歐洲聯盟建立密切關係，俾能取得更多外交上和經濟上的利益。

　　反觀北約的立場而言，面對華約崩潰後東歐出現的安全真空，東歐國家紛紛要求加入北約，期望獲得北約安全傘的保護，以及避免莫斯科的疑懼。為此，今年元月北約高峰會議時，決議讓前華約國家結成和平夥伴關係，乃權宜之計，既不影響北約的原有功能，又多少可填補東歐國家的權力真空，符合東歐的安全利益。因此，北約總部對俄國要求建立特殊關係，給予決策的發言空間，無異對攸關和平夥伴關係重要問題，享有否決權。北約會員國稍早在伊斯坦堡舉行的外長會議，對俄外長科濟列夫蓄意從中作梗，刻意改變公報措詞，記憶猶新。尤令北約感到不安者，俄羅斯國家杜馬最近通過，派遣維持和平部隊進駐喬治亞共和國阿布哈茲衝突區，正反映莫斯科掌控獨立國協的企圖益加明顯。

❧ 和 平 夥 伴 關 係 計 劃 ❧

北大西洋公約組織設立的一個項目，旨在建立非北約成員國家與北約建立合作、個體關係的管道，此計劃本是北約在蘇聯解體後，為改善東西歐國家間關係所採取的行動之一。該計劃於1994年1月正式成立，目前共有二十一個成員國家。

　　北約之所以願意接納俄國成為和平夥伴關係一員，一方面期待與俄羅斯的合作，有助其國內和平過渡，邁向民主，成為

建立歐洲新秩序的積極因素；另一方面則可促使莫斯科當局履行《歐洲安全和合作最後文件》，特別是涉及歐洲安全的條款，尊重歐洲各國疆界與領土完整。

「和平夥伴關係」概念模糊

準此，俄國與北約之間各有心防。所謂「和平夥伴關係」，概念模糊，至多僅是舉行聯合軍事演習，建立相互信任基礎。其實，目前歐洲民族主義的抬頭、獨立國協內部的民族紛爭、巴爾幹危機、莫斯科單方面宣布與愛沙尼亞的疆界，以及俄在波海三國的撤軍問題案，正是對北約和平夥伴關係一連串的考驗。

美俄在東歐爭奪影響力嗎？

【1995 年 3 月 3 日／洪茂雄】

　　1989 年東歐邁向民主化之後，由莫斯科藉以控制東歐國家的紐帶——「華約組織」和「經濟互助委員會」（簡稱經互會，冷戰時期，蘇聯建立的一個社會主義國家政治經濟合作組織），也隨之瓦解。所謂「鐵幕國家」或「社會主義陣營」成為歷史名詞，東歐國家不再以克里姆林宮馬首是瞻。1995 年 2 月中旬，美國五角大廈突然放出風聲，考慮軍售波蘭等九個東歐國家，在東歐正呈現安全上真空之際，華府此一決定，是否意味著，美國有意將其影響力伸入東歐？與此同時，俄總理齊爾諾爾丁在一週內先後訪問斯洛伐克和波蘭，簽訂多項合作協定，莫斯科會甘心退出東歐嗎？美、俄是不是正在角逐東歐，提升其影響力？此一新發展，的確頗值關注。

美國軍售東歐動機

　　美國國防部長培里於 2 月 17 日接見來訪的波蘭代理國防部長米留斯基時，在記者會上首次透露，美國已向波蘭和一些中東歐國家表示，願意出售包括 F-16 戰機等高科技武器給它們。進一步的詳情，培里部長並未說明。很明顯地，華府考慮軍售東歐國家，其背景因素昭然若揭。

　　其一，東歐國家安全上的需要：華約組織瓦解之後，俄駐在波、捷、匈和東德的軍隊已全部撤回，東歐各國早期從蘇聯

取得的軍備大多陳舊，亟待更新。基此，東歐國家在安全上呈現真空和武器裝備老舊的情況下，自然很希望華府提供庫存現有的先進武器，以增強國防。

其二，美國有意提升對東歐的影響力：二次大戰後，美國基本上承認東歐是蘇聯的勢力範圍，絕不出售高科技產品給這些前社會主義國家。1989 年東歐發生劃時代變革之後，華府始與東歐國家加強雙邊關係，並透過北約，與東歐國家建立「和平夥伴關係」，藉此拉攏、提升其影響力。美國把現有庫存多餘的先進武器銷售東歐地區，一方面象徵華府的勢力伸入東歐；另一方面也可提供不少工作崗位，減少失業率，一舉數得。

克宮反對北約擴大

其三，為東歐國家加入北約鋪路：東歐國家基本上是擁有俄化裝備，而這些俄式武器大多數已到需要汰舊換新的地步。若美國順利軍售美式武器，即可順理成章使其與北約的裝備系統一致，無形中為東歐國家加入北約鋪平道路。

東歐曾是東西方兩大勢力對抗的前沿地區，戰略地位重要，東西方均試圖對該地區施加影響力。華約組織瓦解後，俄羅斯企圖重振其聲威，保持其原有的號召力；可是美國則有意介入，以削弱俄國的影響力，尤其東歐國家正進行政經轉軌興革，西方國家必須予以協助，使其成為歐洲和平的穩定因素，同時作為共產黨政權和平演變的典範。美國自然更樂見，東歐加入民主國家行列。

　　不過，東歐近半個世紀曾聽命莫斯科的指使，儘管蘇聯解體，東歐紛紛採行西向政策，但俄羅斯還是基於地緣政治的考量，絕不甘心丟掉東歐勢力範圍，仍將試圖拉攏東歐，加強緊密連繫。基此，莫斯科一方面獨排眾議，反對把北約組織擴大至東歐，並拒絕與北約簽訂「和平夥伴關係」；另一方面在巴爾幹政策上刻意與西方國家唱反調，來凸顯其舉足輕重的地位。

　　美、俄果真會在東歐爭霸嗎？後冷戰時期白宮和克宮不得不面對現實問題。如果華府和莫斯科在東歐各個領域的活動，能夠建立互信基礎，不刺激對方，則對歐洲和平與穩定會有裨益。反之，美俄在東歐霸權的爭奪，若欠缺信任基礎，則對世局不利。唯應予以肯定的是，東西方對戈巴契夫的新思維「共同安全」和「相互依賴」理念，具有高度共識，歐洲聯盟不至於坐視美俄在東歐爭奪領導權，而扮演制衡角色，以鞏固歐洲的安定。

北約向東擴張的意義

【1995 年 10 月 13 日／洪茂雄】

1990 年華沙公約組織瓦解後，北約組織成為後冷戰時期碩果僅存的軍事同盟。1995 年 9 月 28 日這個以捍衛歐洲和平為使命的防禦性軍事集團，首次公布向東擴大組織的具體計劃，又凸顯了北約在後共產主義時期的東歐所扮演的角色。北約這項「東擴」計劃究竟具有哪些特點，其所顯示的意義為何？是本文試析的要點。

北約向東擴張特點

首先，就北約首度公布的第一份「東擴」研究計劃的內容來看，基本上有如下特點，頗值一提：

其一，規定吸收新會員國的必要條件。北約經過兩年的深入研究，初步提出「東擴」計劃。根據該計劃規範，未來欲加入北約的東歐國家，必須要具備如下條件：第一，採行西方民主制度；第二，實行市場經濟；第三，應由文人來主管三軍，始有可能加盟北約。

其二，北約的集體防衛重心，仍以核武嚇阻力量為主。北約的戰略核武提供各盟邦最高的安全保障；唯北約保留在新會員國部署戰略核武和軍隊的權利。

其三，新加入的會員國與原有十六個成員享有同等的權利和義務。

其四，對最困難問題未提出具體解決方法。在北約「東擴」計劃中，並未明定新會員國加入時間，同時也未釐清北約的前途問題。據北約祕書長透露，預訂於明年底，再提出第二份較具體的計劃。

其五，兼顧俄羅斯的態度。北約為了消除莫斯科的憂慮，該項「東擴」計劃相當程度考慮了俄國的反應，盡量採低姿態，避免刺激俄羅斯民族主義的聲浪。因此，北約計劃讓俄國參與北約目前十六個會員國的特別對話夥伴，以確保雙方互通聲息。

東擴計劃顯示意義

就北約「東擴」計劃所顯示的意義而言，比較值得指出者有：

第一，政治意義大於軍事意義。為了保障歐洲的和平與穩定，北約仍有存在的必要，唯其向東擴大組織，為的是確保後共產主義時期東歐各國的民主改革進程，政治意義大於軍事意義。

第二，防範民族主義高漲的危害。在 1989 年東歐各國共產黨政權先後崩潰後，民族主義或多或少有取代共產主義傾向，對東歐國家的民主化進程頗具殺傷力。如南斯拉夫解體後各民族的流血衝突即為明證。北約組織向東擴張，可將東歐國家納入安全體系內，抑制東歐民族主義的抬頭或蔓延。

第三，顯示美國的影響力伸展至東歐地區。由於美國擁有強大軍力，北約組織基本上還是在美國的主導下運作。因此，

北約向東擴大組織，無異使美國的影響力伸入東歐，取代昔日的蘇聯。

第四，北約向東擴張，俄國不再享有否決權。儘管俄羅斯極力反對北約向東擴大組織，但東歐各國無不期待早日加入北約，這正說明俄國勢力不但從東歐消退，而且也無力否決北約向東擴大。

很明顯地，北約「東擴」的目的，昭然若揭，無非是在確保東歐國家民主制度的建立，和防止俄國勢力再度於東歐稱霸，唯北約能否順利「東擴」，其在波赫戰爭中所扮演的角色，則是攸關未來發展的試金石。

北大西洋公約組織紀念郵票

北約也將扮演 「綠色和平」角色

【1995 年 4 月 7 日／洪茂雄】

從 1950 年代到 1980 年代東西方冷戰期間， 北約和華約兩大軍事集團各擁有強大軍備，因其所使用的軍事基地和演習次數頻繁， 導致對周遭自然環境的破壞極為嚴重。冷戰時期，由於東西方緊張對峙，安全第一，環保問題也就被漠視了。如今，華約解體，共產黨集團擴張威脅隨之消失，過去鐵幕內生態環境遭汙染的嚴重性，也因而曝光。近年來，以保護地球生態為職志的「綠色和平」組織，力促北約肩負起後冷戰時期克盡保護環境的新任務，已得到北約正面的回應。看來，北約除了捍衛歐洲的和平與安全之外，也將充當「綠色和平」使者，扮演協助前蘇聯集團處理環保的新角色。

東歐環境汙染嚴重

1970 年代以來，歐洲的生態保護運動已風起雲湧，形成一股足以影響政府決策的社會力量，迫使朝野政黨不得不將環保政策納入其政綱之中。1986 年 4 月，烏克蘭車諾比核事故發生後，一方面引起西歐國家的關切，另一方面也喚醒了前蘇聯和東歐國家社會的自覺意識。在戈巴契夫倡導的「改造」和「公開性」政策衝擊下，就有某些社會團體以宣揚「保護環境」之

名，毫不畏懼共產黨的鎮壓，紛紛成立，或暗中活動。1980 年代後期，如保加利亞的「生態公開」，波蘭、匈牙利和捷克的「綠色」、「橙色」等團體的誕生，即為例證。從此，東歐和前蘇聯各共和國環境汙染的嚴重性，始漸透明，暴露在世人眼前。

東歐和前蘇聯各共和國的生態環境遭汙染，對人民性命構成威脅，造成汙染的主因不外乎如下：

其一，冷戰時期軍事掛帥、廣建軍事基地，進行核子或生化武器的試驗，加上經常性不同層級的軍事演習，凡此都直接對自然環境帶來嚴重的破壞。其二，共產黨接掌政權後，為了加速現代化，特別著重工業發展，長年累月忽視環保，致使湖泊、河川、森林飽受酸雨或工廠廢水侵蝕，使生態環境面目全非。其三，共產黨採「一黨專政」，報喜不報憂，社會封閉，無反對黨制衡；同時，國家財政預算幾乎都花在國防和全民就業上，根本沒有多餘經費來改善環保設施。

北約綠化東歐計劃

現代國際關係、人權與環保已不再只屬於內政問題，環保也是人權的一部分。因此，保障人權和保護自然環境，乃是國際社會共同的準則。北約為塑造新形象，讓前蘇聯集團人民耳目一新，不但是這些國家的「和平夥伴」，而且也樂善好施，挺身出面協助處理東歐國家和獨立國協成員的環境汙染問題。

北約已擬妥一系列計劃，將對前華約組織最迫切解決的環保問題，貢獻一點心力。舉凡清理前蘇聯紅軍遍布在東歐和獨

立國協境內軍事基地所造成的汙染；處理前蘇聯沉沒在北極海、波羅的海核潛艇所滲出的輻射廢物，以及傾倒在北極海的核廢料；清理黑海水域汙染；尤其是俄國在挪威海岸外的海床所棄置的核子潛艇和其他核子反應器，因其極有可能溢出輻射影響海洋生態，更是當務之急。此外，北約亦將協助俄國科學家解決核軍備善後問題，包括在未來十年將陸續除役的一百七十艘核子潛艇在內。

　　準此以觀，北約萬萬沒料到，其昔日的頑強對手華約組織所留下來的爛攤子，卻要由自己來收拾殘局。

瑞秋・卡森　瑞秋・卡森1962 年出版著作 《寂靜的春天》 使大眾開始關心環境與農藥議題。 鐵幕倒塌後， 這也促使北約協助解決前華約組織國家內的環境問題

歐盟東擴的新契機

【2004 年 5 月 2 日／洪茂雄】

　　歐洲聯盟 2004 年 5 月 1 日起，正式接納波蘭、捷克、匈牙利、斯洛伐克、斯洛維尼亞、立陶宛、拉脫維亞、愛沙尼亞等八個中、東歐國家，和賽普勒斯、馬爾他兩個地中海沿岸國家，使歐盟會員國從十五國增至二十五國。這是繼北大西洋公約組織於 1999 年 3 月吸收波、匈、捷三國，和 2004 年 4 月接受波海三國、羅馬尼亞、保加利亞、斯洛伐克、斯洛維尼亞等國入盟後，歐盟首次向東擴大，可謂歐盟跨入新世紀劃時代的盛事。這個人類史上政經統合最具開創性的典範，其發展軌跡和顯示意義為何？

　　此次歐盟東擴特色：其一，是歐盟成立以來五次擴大當中，吸收最多成員的一次。1973 年第一次擴大，英國、丹麥、愛爾蘭三國加入，使當時的「歐洲共同體」由六國增至九國；1981 年希臘加入；1986 年西班牙、葡萄牙加入；1995 年因蘇聯解體之故，使得採行中立政策的瑞典、芬蘭、奧地利順利加入，歐盟增至十五國。顯然第五次擴大大於前四次擴大的總數。其二，在這次新入盟會員國中，分別來自冷戰時期不同的集團，波海三國是原蘇聯加盟共和國，波、匈、捷、斯洛伐克是前華沙公約組織成員，而馬爾他、賽普勒斯和斯洛維尼亞則屬參與不結

盟運動的成員。這與歐盟過去擴大所吸收的成員全屬西方民主國家，迥然有別。其三，這批剛加入歐盟的新會員國多是小型國家，總人口約七千五百萬人，其中波蘭就有三千八百餘萬人，比其他九國的總人口還多一些，使波蘭在歐盟東擴，尤其是歐盟新憲法起草過程的發言權更具分量。

　　觀察歐盟東擴最值得一提的兩項發展：第一，1990年代東歐社會主義國家的和平演變，是歐盟實現東擴的主要動力。換言之，東歐共產黨政權沒有進行民主變革就不可能美夢成真，從「蘇維埃化」邁向「歐洲化」。第二，「歐盟向東擴張」即標誌著東、西歐由不同體制走向「匯合」。歐盟東擴後的總人口近四億六千萬人，其對外貿易量可佔全球貿易總額四成以上，政經實力大增，足以和單一強國的美國相抗衡。

　　誠然，因為戰後東歐鐵幕國家的和平演變，寫下新世紀令人刮目相看的新頁，同時，也使戰後「分裂歐洲」的舊貌完全改觀。中、東歐國家究竟有哪些新契機堪值告慰？最引人矚目的是積極參與國際反恐聯盟，一方面贏得美國的信任，另一方面提升國際地位和能見度。此其一，中、東歐國家加入歐盟，不但有利經濟發展，更可鞏固其民主政治的運作。此其二，這些前華約組織成員受北約集體安全的規範，可降低成員國間的矛盾與衝突，保障區域的和平與穩定。此其三，中、東歐國家未來五至十年，將展現「突破、融合、再生」，意即：「突破困境」的新契機；藉由與西歐融合，獲取更多的資源，振興經濟、鞏固民主；從社會主義的窠臼中，重獲新生，加入創造歐洲新

文明的行列。

　　歐盟東擴乃本世紀大事，其未來動向值得觀察：一來，歐盟第一波東擴之後，還會有下一波東擴的可能，其會員國可望超過三十國；二來，研議中的一部歐盟憲法將如何有效運作？常設歐盟理事會主席和外交部長的角色，能否扮演得恰如其分，贏得肯定？歐盟共同外交暨安全政策能否真正落實；抑或虛有其表，各國仍以本國利益為重？三來，歐盟內部眾多小國，它們果真言聽必從，任由大國擺布；還是小國將團結一致牽制大國？凡此種種，正考驗歐盟「廣化」與「深化」的發展成效。

奧賽碼頭　歐盟前身歐洲煤鋼共同體發源地。1950 年時任法國外交部長的羅貝爾‧舒曼在此發表《舒曼計劃》，歐洲煤鋼共同體便是根據此計劃擬定

📱歷史對講機

　　1994 年北大西洋公約組織成立時 ， 東西方冷戰開始白熱化，以美國為首的西方集團已體認到，建立一個嶄新的集體安全和維持世界和平的共同機制，有其迫切性。可是，下列發展難免更動對歐洲安全原來的構想，例如：

　　其一，誰來填補華沙公約組織空缺的角色；其二，如何調整北約與俄羅斯都能接受的互動空間，方有助於歐洲安全的鞏固；其三，北約如何擴大其組織成員，應具備哪些要件，才符合入盟規定；其四，至 2017 年止，東歐前社會主義集團總共分裂成二十九個獨立國家，它們都和北約達成共識，即先建立和平夥伴關係，然後再簽署入盟條約，成為北約成員（參見下頁附表）。北約在東西方冷戰期間，僅有十五個國家，未料在二、三十年之後就擴增達一倍之多，正肩負著區域安全和維繫世界和平的使命。

　　其間，值得一提者還包括：北約不容許俄羅斯對有意加入這個安全體系的新成員享有否決權，而北約也不刻意加足馬力擴大宣傳，企圖吸收由前蘇聯獨立出來的獨立國協成員。雙方也得要顧全大局的穩定性，而不至於重蹈 1970、1980 年代的覆轍。

冷戰結束後新入盟北約和歐盟國家一覽表

國名	加入歐盟時間	加入北約時間
波蘭	2004.5.1	1999.3.12
匈牙利	2004.5.1	1999.3.12
捷克	2004.5.1	1999.3.12
愛沙尼亞	2004.5.1	2004.3.29
立陶宛	2004.5.1	2004.3.29
拉脫維亞	2004.5.1	2004.3.29
斯洛伐克	2004.1.1	2004.3.29
斯洛維尼亞	2004.1.1	2004.3.29
羅馬尼亞	2007.1.1	2004.3.29
保加利亞	2007.1.1	2004.3.29
克羅埃西亞	2013.7.1	2009.4.1
阿爾巴尼亞		2009.4.1
蒙特內哥羅		2017.6.5

◆ 車諾比核事故

　　1986 年烏克蘭車諾比的核電廠發生爆炸，造成輻射外洩，釀成嚴重災變。至今車諾比核事故所造成的損害，不僅僅是在對居民人體的傷害上，更是造成自然、周圍環境上的改變。車諾比核事故致使人們體認到環境問題並不只是一國的問題，更是國際間的問題；同時，這一場重大災變竟也對當時冷戰局勢、歷史發展有深刻的影響。

車諾比核電廠

烏克蘭核災變九週年

【1995 年 4 月 28 日／洪茂雄】

　　1986 年 4 月 26 日，坐落在烏克蘭車諾比的核電廠，其第四號機組突然冒出熊熊火焰，輻射大量溢出，釀成人類和平使用核能以來，最嚴重的一次災變。烏克蘭衛生部副部長在車諾比「核災變」九週年前夕，公布了一份頗引人關注的數據，即在該次核災變遭輻射汙染發病致死者，高達十二萬五千餘人，遠比過去官方的統計數字高出很多。何以烏克蘭政府在「車諾比事件」發生九年之後，才透露這個訊息，其用意何在？車諾比核能發電廠爆發的事故，又反映了什麼問題？烏克蘭基輔當局正面臨經濟困窘之際，又將如何來收拾這一場「核變」殘局呢？

核災變所反映問題

　　九年前，車諾比核電廠發生意外事故，其所造成的後果，並不亞於五十年前第二次世界大戰原子彈的殺傷力。根據資料顯示，除了已有十二萬五千人因受輻射量侵害程度嚴重，發病身亡外，烏克蘭、白俄、俄羅斯、摩爾多瓦等鄰近地區受核子輻射層波及者尚有兩百萬人以上。另外，經由大氣層飄到歐洲的輻射量，對當地農牧業的汙染，也傳出不同程度的災害。

　　準此以觀，車諾比核災事故，正反映下列問題，頗值世人深思：

其一，國際關係中「不干預」原則已不能完全適用。現代環保意識高漲，舉凡地球生態、河川、海洋、空氣等汙染，不再是某一個國家的內政問題，其可能殃及鄰國，乃至全球。因此，它已不是一國的內政問題，而是國際問題；國際社會必須挺身出來進行干預，共謀對策。

其二，「共同安全」概念的普遍性原則已日漸被絕大多數國家接受。「安全」已不是某一國的專利，也不能由某一超級大國壟斷。因此，集體安全，如何禁止有害人類的核子擴散，如何攜手合作保護地球生態，乃成為各國共同的職責。

其三，科技並非萬能。「水能載舟，也能覆舟」，核能固然對人類和平用途好處多多，但使用不當也會帶來難以估計的災禍。因此，究竟是放任科技征服「天」呢？抑或「天人合一」，人類與大自然和平相處，也該是生活在地球村的人必須正視的課題。

基輔凸顯核災用意

無可否認，車諾比核災變所帶來的不幸和陰影，予人有談「核」色變之感。據烏克蘭衛生部公布的資料，兒童患病率比發生事故前增加三倍，孕婦患病率為四至五倍，罹患甲狀腺癌機率則高達十倍。目前，還有參與救災後續作業者共四十三萬二千人必須接受醫療。此外，白俄遭殃不輕，據稱每五人中就有一人受輻射的傷害。

很明顯地，烏克蘭 1991 年獨立後，就得自行承擔這場核災

變的後果，不再有前蘇聯可運用全聯盟資源為後盾。正當烏克蘭邁向政經轉型之際，本已舉步維艱，還得要面臨關閉車諾比核電廠後電力不足之苦，以及龐大的醫療經費和善後教育等，無異雪上加霜。基此，基輔政府此時此際，公開災變詳情，其用意昭然若揭，即一方面希望國際社會伸出援手；另一方面也獅子大開口，要求西方國家提供 40 億美元援助，來補償其準備在 2000 年關閉核電廠的損失。看來，西歐國家不得不考慮此項形同「敲詐」的行為，要不然就得再冒另一次災變的風險了。

從鄰近車諾比事故發生的普里皮亞特 (Pripyat) 俯瞰車諾比的景象　位於前蘇聯烏克蘭基輔州的普里皮亞特，因事發當時被劃歸在疏散區內而成為廢棄城市

車諾比核事故帶來的變化

【2006 年 4 月 26 日／洪茂雄】

　　1986 年 4 月 26 日這一天，位於烏克蘭境內的車諾比核能電廠爆炸，致使前所未見的核輻射灰塵擴散到整個歐亞大陸，迄今已過二十載，據聯合國原子能總署所公布的資料，光是受到輻射汙染致死人數計有四千人。不過這數據頗受質疑，以英國最近公布的資料顯示，過去二十年來白俄羅斯、烏克蘭和俄羅斯廣受輻射汙染地區，至少有六萬六千到十萬人因遭核輻射致病而死。另外，有某些歐洲研究機構甚至指出，斷送生命的受害者多達二十萬人，其他飽受核輻射影響罹患怪病的民眾高達三百萬人。回顧二十年前這一幕震撼全球的核電廠爆炸事故，究竟人類學到什麼教訓？其對國際社會又帶來哪些正面的意義？

　　一、帶動東西方冷戰提前落幕。當車諾比核電廠爆炸之初，戈巴契夫才接任蘇共總書記一年又一個月，同時他雄心勃勃剛開完具有開創性的蘇共「二十七大」，卻一度被蒙在鼓裡，兩天後才向國際社會通報核災變的消息。由於災變突如其來，苦無因應經驗，莫斯科不得不向國際求援，導致戈巴契夫深深體會，一方面他所倡導的「新政治思維」的「公開性」，應予以具體落實；另一方面美蘇之間的核武談判，宜加快腳步達成妥協。因此，國際輿論有這樣的看法：車諾比核災變對戈巴契夫推動改革，與其說是無情的打擊，倒不如說是提前結束東西方冷戰，

改寫了當代歐洲歷史。

　　二、促進東西方的互信，由相互依賴取代相互對抗。 車諾比核災變後，西方國家紛紛伸出援手，除了提供善後救濟種種技術，進而提醒前蘇聯境內和東歐國家與車諾比同一類型的核能發電廠，或未雨綢繆嚴密防範，或提前關閉以防重蹈覆轍。西歐國家因受到核輻射灰塵汙染的恐慌，樂意提供經費贊助建造更符合安全標準的發電廠。西方國家的善意回應，也讓長久以來東西方相互仇視的心結加速鬆動。

　　三、國際社會環保意識和環保運動愈趨熱絡和受到重視。 在斯洛伐克、匈牙利和保加利亞等國同樣使用車諾比類型的核能發電廠，受到歐洲環保團體的壓力，不得不提前關廠；德國和奧地利的國會，因長時間受到反核團體鍥而不捨的遊說和抗議，已通過決議於 2022 年，停止使用所有的核能電廠。

　　由此以觀，核能不再是國家永續發展「不得不然」的選項，如何開發新能源，乃當今各國刻不容緩的要務。臺灣地小人稠，發展替代能源，可說更是刻不容緩。

臺灣反核大遊行　直至今日，反核仍為臺灣大眾關心議題之一

◆ 從衝突到和平

英國大政治家邱吉爾 (Winston Churchill) 曾用「鐵幕」(Iron Curtain) 兩個字來形容被敵對意識形態分裂成兩個世界的東西歐局勢，東歐屬於共產主義集團，以蘇聯為首；西歐則是資本主義世界，以美國馬首是瞻。兩大集團相互為敵，幾乎不相往來，而在各自的勢力範圍裡面努力發展軍火工業，製造武器，形成無止境的軍備競賽；兩大集團亦相互對峙，相互文攻武嚇，緊張情勢常常瀕臨戰爭邊緣（例如：1948 年、1958 年與 1961 年「柏林危機」），是為所謂的「冷戰」(Cold War)。在冷戰期間，除了上述之政治與軍事對立外，在經濟上，東西歐國家也是鮮少接觸：在東歐，蘇聯與東歐共產國家共同組織建立「經濟互助委員會」 (Council for Mutual Economic Assistance; Comecon)，以五年期計劃經濟為藍圖，發展共產世界的農業與工業 ； 而西歐國家則在歐洲統合 (European Integration) 運動的

捷克鐵幕遺跡

美國海軍戰鬥機　冷戰時兩大集團形成無止盡的軍備競賽，美國海軍的戰鬥機也曾攔截蘇聯的轟炸機

帶領下，發展市場經濟與建立「關稅聯盟」(Customs Union)。

1990 年代初期，蘇聯、華沙公約組織與「經濟互助委員會」相繼瓦解，冷戰正式宣告結束。西歐國家在沒有蘇聯安全威脅的環境下，積極推展「單一市場」(Single Market)、建立「經濟與貨幣聯盟」(Economic and Monetary Union; EMU)、發行歐元 (Euro) 與規劃「共同外交與安全政策」(Common Foreign and Security Policy; CFSP)；北約則進行組織改造，重新布局南北軍團與陸海空基地，並與歐盟密切合作，以因應後冷戰時期的新安全情勢。而東歐國家在解除來自於蘇聯之黨、政、軍、經枷鎖後，開始其「回歸歐洲」的大計劃，在東歐各國積極的「西向政策」下，歐盟與北約就像是兩塊大磁鐵一樣，迅速把東歐國家拉往西歐，最後大多數的東歐國家都成為歐盟與北約的會員國，而成為歐盟與北約會員國的東歐國家也都變成西歐國家的合作夥伴，東西歐國家的關係也因此熱絡起來。

經濟互助委員會開會現場

莫斯科市政府大樓　往昔為經濟互助委員會大樓

東西歐結束對抗邁向合作

【2005 年 9 月 16 日／洪茂雄】

　　繼美俄於 2005 年 9 月 2 日在俄羅斯境內舉行戰後以來首次的聯合軍事演習之後，北約和前華約國家也於 9 月 12 日起，在波蘭西部城市波茲南附近軍事基地舉行有史以來第一次聯合演習。緊接著，「歐洲安全與合作會議」五十三個成員國的外長或代表亦雲集捷克首都布拉格，共商後冷戰時期如何維持歐洲的和平與穩定。顯然地，華沙公約組織瓦解和蘇聯解體之後，東西歐已由對抗邁向合作，北約組織和「歐安會」已在調整功能，俾適應歐洲的新秩序。

以「合作橋」標誌新的里程

　　由美國、英國、德國、義大利、荷蘭、丹麥等六個北約成員國和波蘭、捷克、斯洛伐克、羅馬尼亞、保加利亞、立陶宛、烏克蘭等七個前華約國家，於 9 月中旬以代號「合作橋」在波蘭西部邊界舉行為期五天的聯合軍事演習。參與演習的各國軍事人員共計九百人，雖然人數不多，但因這是四十年來兩個原本對立的軍事陣營首次聯合演習，所以備受歐洲社會和媒體的關注。

　　很明顯地，北約和華約的任務，由戰鬥力部署彼此對峙，相互制衡，轉變為以北約為主導的「和平夥伴關係」，至少顯示

下列象徵意義：其一，落實東歐各國先後與北約簽訂的「和平夥伴關係」協定，使該協定對東西歐的睦鄰與合作更具有促進和穩定作用。其二，填補華約解散後的安全真空，讓東歐國家無後顧之憂放心推動政經改革。其三，在北約的「和平夥伴關係」架構內，建立歐洲新秩序。雖然此次聯合演習俄羅斯因角色尷尬未便參與，但東西歐趨向密切合作，已是不可逆轉。

「歐安會」加強調停功能

至於 9 月 15、16 日正在布拉格召開的「歐安會」外長會議，除了磋商年底在匈牙利布達佩斯舉行的高峰會議外，由俄、德二國外長所倡議成立常設的執行委員會，以利維持和平，乃成為本次聚會討論的焦點。這個 1975 年 7 月在赫爾辛基正式誕生的組織，由當年的三十五個會員國，因南斯拉夫、蘇聯和捷克斯洛伐克的先後解體，現已擴增到五十三個。一般咸信，這個足以與 1814～1815 年的維也納會議相比擬、對歐洲情勢發展深具影響力的論壇，在促進冷戰時期東西方局勢緩和的任務後，也得要重新調整功能，以適應後冷戰時期的歐洲新態勢。當前巴爾幹的緊張情勢，包括波赫內戰方興未艾，希臘和阿爾巴尼亞之間的紛爭，乃是「歐安會」刻不容緩的要務。

總而言之，美俄的聯合軍事演習標榜著「和平維護者一九四」，北約和前華約的聯合演習以「合作橋」為標誌，「歐安會」則正謀加強處理危機的機制，這在在反映歐洲新秩序下的新課題。

展望 **1990** 年的東西歐關係

【1990 年 1 月 1 日／洪茂雄】

　　東西歐冷戰氣氛逐漸緩和，形成戰後東西方關係最和睦的階段，已由相互對抗轉向相互依賴，提供了一個理性、和平的國際條件，對世局大有裨益。

　　1989 年的歐洲，可謂充滿著「熱鬧、理性、和平」，整個發展過程顯得多采多姿，可圈可點。熱鬧者，如法國大革命兩百週年，花都巴黎盛況連連；柏林圍牆開放，人潮洶湧，親情流露。理性者，如面對東歐變局，莫斯科「袖手旁觀」，未予介入；共產黨面對群眾民主示威浪潮，沒有重演「天安門悲劇」，朝野理性對話，化險為夷。和平者，共產黨政權還政於民，權力和平轉移；大量難民潮喜劇收場。凡此種種，都堪稱是為歷史寫下劃時代的一頁。未來一年，東西歐又將有什麼演變呢？

東歐變革　西歐驚喜

　　整個東歐形勢的轉變，幾乎可以用「急轉直下」和「力爭上游」這八個字來描繪：前者說明了東歐各國共產黨，聲望掃地，在「人民的力量」壓力下，不得不結束「一黨專政」的格局，而使其領導地位一落千丈；後者顯示東歐人民渴望民主自由，歷經四十寒暑，終於有所斬獲。東歐這樣快速的變革下，對西歐來說，可謂出乎意料的驚景。以西德而言，波昂政府從未料到，東柏林當局會有一百八十度的轉變，不但東德共黨領

導階層大換血,而且突如其來地開放已修建二十八年的柏林圍牆,真令西德有措手不及之感。基本上,東歐的變局,對西歐具有兩項重大意義:其一,東歐各國共產黨放棄「一黨專政」,走向多黨民主,可大大地減弱華約組織對西歐的威脅。其二,隨著政治體制的變革,嚴格地說,東歐已不純粹是社會主義國家,市場經濟逐漸取代計劃經濟,雙方更容易擴大合作。

經貿合作　擺脫困境

歐洲共同體(簡稱歐市)和經互會於 1988 年相互承認之後,次年,歐市與經互會成員個別簽訂雙邊經貿合作協定。匈牙利、波蘭和蘇聯亦取得最惠國待遇。羅馬尼亞齊奧塞斯庫政權被推翻後,東西歐全面的經濟合作關係可望更加密切。1989年 12 月,歐市高峰會議已決定成立歐洲聯合開發銀行,提供資金,貸款給東歐國家,以應急需。顯然地,東歐的民主化已換取西歐慷慨解囊,經濟上的相互依存更為增強。

值得一提的是,經互會在東歐國家全面民主化的衝擊下,其體制的改革會愈為迫切。蘇聯總理雷日可夫於 1989 年 12 月13 日,在「人代會」的施政報告中建議,1991 年使經互會朝向「共同市場」化,勢在必行。未來經互會將與世界市場相結合,並可用兌換的貨幣進行貿易。可見,經互會正在調適組織功能,俾迎接歐市 1992 年單一市場的來臨。

政治對話　取代對抗

　　未來東西歐關係最引人注目的乃是北約和華約的互動關係。可以肯定的是，這兩個軍事集團在裁軍進程上會有更正面的發展，雙邊正由軍事對抗的層次，轉向政治對話，使得這種集體安全體系的軍事意義降低，而政治意義顯著提升。因此，東西方的冷戰氣氛逐漸緩和，形成戰後東西方關係最和睦的階段，已由相互對抗轉向相互依賴，提供了一個理性、和平的國際條件，對世局大有裨益。

　　至於東西歐對於「德國再統一」問題的態度，大體上是一致的，儘管波昂政府躍躍欲試，不願錯過任何機會，但德國的統一，對戰後歐洲現存秩序，會帶來莫大的影響，不是德國人所能自行決定的。基本上，歐洲各國都不願意見到一個統一的德國，而導致戰後歐洲秩序的變動。不過，東西德之間的關係已取得重大的進展，雙方互訪無論級別或次數都比以前增多，可望逐漸建立共識，成立類似「共同體」的協調機構，以擴大合作領域。

歐洲一家　努力目標

　　東歐國家民主化的發展，有助於歐洲的統合。匈、波兩國可望獲准加入「歐洲理事會」。這個擁有二十三個會員國的「歐洲理事會」未來將會接納更多的東歐國家。由此以觀，「歐洲共同之家」的理想漸露曙光。戈巴契夫倡導的建立「歐洲共同家

園」，與西歐的統合運動，在理念上頗多雷同之處，未來如歐市和經互會擴大進一步的合作，則其佔世界貿易總額高達 43%，將對世界經濟居主導地位，影響至為深遠。一般以為，戈巴契夫的地位至關重要，其影響東歐情勢發展具有關鍵性的影響。未來一年，戈氏的地位又將如何轉變呢？根據資料顯示，戈巴契夫在蘇聯「人代會」獲有三分之二的代表支持，蘇聯民眾亦有 60% 以上支持他的改革政策。因此，1990 年的東西歐關係，可以預見的應該是穩定、和諧的。

歐盟總部　實踐「歐洲共同之家」理念的代表組織即為歐盟

📱歷史對講機

　　冷戰結束，是東西歐關係最大的轉捩點。從 1990 年初到現在，東西歐的關係可以用「合作多於衝突」來形容。在所謂的「合作安全」(Cooperative Security) 的概念下，東西歐國家擴大合作的面向，在經濟、政治、外交與軍事的領域中不斷創造合作的機會，使得東西歐的友好合作關係達到最高點。

　　但是，很不幸的是，在這幾十年當中，卻曾經在歐洲大陸上發生了波赫戰爭、科索沃戰爭、喬治亞戰爭、克里米亞事件與烏克蘭危機，這也顯示了歐洲國家間仍然存在價值差距與外交利益衝突。不過，如果我們仔細觀察這些戰爭與事件的經過，會發現一個共同點，那就是「這些爭端問題都與俄羅斯有關」，是故，如何防範俄羅斯製造歐洲安全問題，以及如何建立歐洲國家與俄羅斯間的信心問題，是未來擘畫歐洲共同家園的重要考量點。

　　而目前歐盟國家與俄羅斯間的雙向經濟制裁、中止「北約─俄羅斯理事會」機制、以及將俄羅斯擋在「八大工業國集團」(G8) 門外的做法，實不符合和平歐洲的利益，應該要想辦法早日化解，以穩定歐洲與俄羅斯的關係發展，為和平歐洲創造有利的條件。

總　結

　　綜觀全書論述，何以中、東歐國家走向民主化改革浪潮時，步調不一，但總算開花結果？何以蘇聯這個紅色帝國擁有那麼豐富資源，又能在戰後東西方冷戰之際，發號施令，但竟然經不起轉型的痛苦栽跟頭，而告瓦解？本書基本上對上列問題已找出客觀的解答。在此，謹就這個紅色帝國縱橫半個世紀之後宣告落幕，其前因後果可歸納如下：

　　首先，就外在國際環境來看，自 1950 年代中期以來，以計劃經濟為導向的蘇聯、東歐國家才開始體認到，其經濟成長已遠不如以自由市場經濟為導向的西方集團。僅僅在數年內，東西方兩大經濟體系——歐洲共同體和經互會孰優孰劣，勝負立判。代表社會主義一方的蘇聯不但無能為力加以改善，還企圖從中、東歐小國謀取利益。當中、東歐國家看出蘇聯老大哥不懷好意，乃痛下必須自求多福的決心。從 1950 年代起爆發一波又一波的改革浪潮，莫斯科也束手無策，最終阻擾皆以失敗收場。

　　其次，在共產黨政權統治下的國家內，人民普遍有不同程度的「三信」危機心態。以當年共產黨「一黨專政」的歷史發展為例，即可看出共產黨的真面目，佔有比例頗高的共產黨員幾乎都患有「信任危機」、「信仰危機」和「信心危機」等三種疑難雜症。不是對共產主義的崇拜一知半解；就是對共產黨的信仰，過於天真，乃求自保為先；至於「信心危機」，黨員明知

集權的社會主義不具有改造性,反而麻木未醒,任由共產黨擺布。簡而言之,「蘇東波」(蘇聯、東歐改革波潮)之所以那麼戲劇性收場,除了中產階級的興起外,完全歸功於國際資訊快速流通,無論質與量都足以改變人類習以為常的舊思維,共產政權統治者即使刻意在社會橫加重重障礙,也難逃一劫,而遭穿透。

總體觀察東歐的變革,雖然各國的歷史背景、社會條件和改革模式各有所本,不盡相同,但仍可發現某些通則命題:

第一、集權的社會主義體制不可改造性:

如前所述,實踐是檢驗體制可行性不可或缺的準則,從東歐各國的實證經驗即可找到明確證據,證明「社會主義體制的不可改造性」。從 1950 年代南斯拉夫試行甚引世人側目的「市場社會主義」,1960 年代匈牙利推行務實的「新經濟機制」改革模式,也一度受到西方國家矚目;乃至 1980 年代中期,以「新思維」改變戰後東西方冷戰關係的蘇聯新一代領導人戈巴契夫,試圖「改造」社會主義,來挽救蘇聯經濟停滯沉痾,以及東歐各國也曾先後進行不同程度的改革,但均告失敗;戈巴契夫甚至被他們掀起的劃時代改革浪潮所推倒,凡此事實不就說明社會主義體制的不可改造性,唯有全盤搬進西方的政經制度,始能帶動東歐的生機。

第二、集權獨裁程度愈極端,其民主化進程也相對地緩慢:

觀察東歐前社會主義國家演變而來的十四個新興民主國家當中,予人有深刻的印象,共產黨「一黨專政」愈徹底,愈獨

裁，其轉型過程也愈顯得遲緩，較不穩定。羅馬尼亞、阿爾巴尼亞、保加利亞和南斯拉夫等國，在共產黨統治時期，採史達林主義的恐怖模式，致使其民主化進程遠比其他中、東歐國家緩慢，即是明證。

第三、愈富有改革思想或自由化運動經驗的國家，民主化進程較具穩定性；反之，民主化步伐則欠穩定性：

匈牙利、波蘭和捷克在 1950 年代到 1980 年代都曾先後出現自由化運動或要求改革呼聲，如 1956 年匈牙利抗暴事件，1956、1970、1976、1980 年波蘭多次發生工潮，1968 年捷克的「布拉格之春」等，使改革和自由民主思想深植人心，提供爾後民主化不可或缺的民意基礎。因此，匈牙利、波蘭、捷克三國的民主化發展，要比其他東歐國家來得穩定。反觀羅馬尼亞、保加利亞、阿爾巴尼亞等國，則欠缺改革思想，民意屢遭踐踏，導致其邁向民主化路途較為坎坷。

第四、信奉伊斯蘭教和東正教為主的國家，比信奉天主教、基督教為主的國家，民主化腳步顯得相對緩慢：

羅馬尼亞、保加利亞和南斯拉夫以信奉東正教居多數，阿爾巴尼亞和波士尼亞則以信仰伊斯蘭教居多數，其民主化進展卻遠不及信天主教居多數的波蘭、捷克和匈牙利。這裡正說明，宗教與地緣政治也有某種程度的微妙關係。

第五、地理位置愈靠近西歐，和西方文化接觸愈頻繁的中、東歐國家，民主改革績效也就愈彰顯；反之，民主改革成效較為遜色：

波蘭、捷克、匈牙利、斯洛維尼亞等國與西歐毗鄰，宗教信仰也和西歐相似，受西方文化的影響也較深，在這種地緣因素的激盪下，使得波、捷、匈等國的民主改革穩健發展。相反地，俄羅斯、羅馬尼亞、保加利亞、阿爾巴尼亞等國位處西歐邊陲，自然與西歐較為疏遠，所受影響不深，多少削弱其推動民主改革的助力。

第六、東歐國家民族主義浪潮的強弱，與民主化程度成反比：

觀察後共產主義時期東歐民族問題的發展可以發現，境內民族主義越高漲的國家，其民主化進程就越緩慢；反之，民族主義越是平和的國家，其民主化進程也就相對的順利。南斯拉夫聯盟共和國與波赫等巴爾幹國家境內極端民族主義高漲，造成種族對立，內戰不斷，因而其民主化進程停滯不前，而斯洛伐克也因內部民族問題，其民主化程度遠不如鄰近的捷克；反觀波蘭、捷克與匈牙利境內民族問題較單純，野心政客較不容易挾民族主義推波助瀾，故其民主化進展得以不受民族主義阻礙，平和發展。不過時勢所趨，在東歐國家逐步邁向「歐洲化」進程中，極端民族主義將會在歐洲統合的制約下逐漸消退。

第七、政治民主化有利經濟發展再次得到驗證：

從中、東歐二十多年的經濟改革進程檢驗比較，證明政治民主化有助經濟持續發展，波蘭、捷克、匈牙利和斯洛維尼亞最為顯著；羅馬尼亞、保加利亞和阿爾巴尼亞等國的經濟發展之所以遠不如波、捷、匈、斯洛維尼亞等國的表現，乃係歸因

於：其一，1990年代初期仍由共產黨原班人馬掌權，充其量僅算是共產黨改革派，猶存相當程度的共產主義意識型態，致使改革腳步遲緩；其二，邁向市場經濟的經濟改革搖擺不定，導致績效不彰；其三，長時期在共產黨高壓下，欠缺改革思想，熱衷權力鬥爭。不過，這些國家歷經摸索和經驗教訓，在政治民主化逐漸穩定後，也勢必帶動經濟發展。

圖片來源

◆ 前篇

頁 3：瓦文薩 (Wikimedia Commons, Attribution: MEDEF)

頁 4：2005 年波蘭團結工聯成立二十五週年紀念日 (Wikimedia Commons, Attribution: Valdoria)

頁 7：波蘭 1945～1983 大事年表（本局繪製）

頁 9：教宗若望・保祿二世 (Wikimedia Commons, Attribution: Eric Draper)

頁 11：布里辛斯基 (Wikimedia Commons, Attribution: Kightlinger, Jack E)

頁 16：紀念團結工聯發行《團結週刊》的遺址 (Wikimedia Commons, Attribution: Jolanta Dyr)

頁 18：瓦文薩紀念郵票 (Depositphotos)

頁 21：格但斯克列寧造船廠人門 (Wikimedia Commons, Attribution: Brosen)

頁 22：1989 年 6 月波蘭大選結果（本局繪製）

頁 27：匈牙利議會 (Pexels)

頁 29：卡達爾（Wikimedia Commons，原收藏於荷蘭國家檔案館）

頁 30：卡達爾與格羅斯 (Wikimedia Commons, Attribution:

Angyalföldi Helytörténeti Gyüjtemény)

頁 34：1956 年匈牙利十月事件時期，有坦克車開進位於布達佩斯的日格蒙德・莫里茲圓環廣場 (Wikimedia Commons)

頁 37：齊奧塞斯庫（右）從前任國會主席手中接過權杖，象徵他被羅馬尼亞共產黨選為總統 (Wikimedia Commons)

頁 39：戈巴契夫（右）於 1985 年會見齊奧塞斯庫（左）(Wikimedia Commons)

頁 39：羅馬尼亞十二月革命遊行場景 (Wikimedia Commons, Attribution: FORTEPAN/Urbán Tamás)

頁 44：德國萊比錫尼古拉教堂 (Wikimedia Commons, Attribution: Jester Wr)

頁 47：紀念因翻越柏林圍牆而喪身人士的紀念碑 (Wikimedia Commons, Attribution: Victorgrigas)

頁 49：冷戰時期西柏林的過境簽章 (Wikimedia Commons, Attribution: Selbst)

頁 57：何內克 (Wikimedia Commons, Attribution: Bundesarchiv)

頁 59：克倫茲 (Wikimedia Commons, Attribution: Bundesarchiv)

◆ 中篇

頁 69：葉爾欽登上坦克車 (Wikimedia Commons, Attribution: Kremlin.ru)

頁 70：葉爾欽 (Wikimedia Commons, Attribution: Kremlin.ru)

頁 70：謝瓦納茲 (Wikimedia Commons, Attribution: Robert D. Ward)

頁 72：戈巴契夫 (Depositphotos)

頁 76：芬蘭民眾抗議布拉格之春時，蘇聯武裝入侵捷克之舉 (Wikimedia Commons, Attribution: Szilas)

頁 77：布拉格之春時的場景 (Wikimedia Commons, Attribution: The Central Intelligence Agency)

頁 81：立陶宛的人鏈 (Wikimedia Commons, Attribution: Rimantas Lazdynas)

頁 81：愛沙尼亞國徽 (Depositphotos)

頁 87：謝瓦納茲（右）於 1987 年與當時美國國務卿的握手合照 (Wikimedia Commons, Attribution: RIA Novosti archive)

頁 93：馬克思 (Wikimedia Commons, Attribution: John Jabez Edwin Mayal)

頁 100：兩德邊界告示牌 (Wikimedia Commons, Attribution: Doris Antony)

頁 105：《我的上帝，助我在這致命之愛中存活》 (Pixabay)

頁 110：布拉格的紅軍紀念碑 (Wikimedia Commons, Attribution: Dezidor)

頁 111：蘇聯時期的盧布（錢幣）(Depositphotos)

頁 113：紀念俄羅斯第一位民選總統葉爾欽的紀念碑 (Depositphotos)

◆ 最終篇

頁 175：克羅埃西亞獨立戰爭遺跡 (Depositphotos)

頁 177：聯合國維和部隊搬運波赫戰爭中的遺體 (Wikimedia Commons, Attribution: "Photograph provided courtesy of the ICTY.")

頁 181：科索沃戰爭中的阿爾巴尼亞難民 (Wikimedia Commons, Attribution: Jonuz Kola)

頁 186：簽署《北大西洋公約》 (Wikimedia Commons, Attribution: National Archives)

頁 195：北大西洋公約組織紀念郵票 (Wikimedia Commons, Attribution: Bureau of Engraving and Printing)

頁 198：瑞秋・卡森 (Wikimedia Commons, Attribution: U.S. Fish and Wildlife Service)

頁 201：奧賽碼頭 (Wikimedia Commons, Attribution: User: EU)

頁 204：車諾比核電廠 (Depositphotos)

頁 207：從鄰近車諾比事故發生的普里皮亞特 (Pripyat) 俯瞰車諾比的景象 (Wikimedia Commons, Attribution: Jason Minshull)

頁 209：臺灣反核大遊行 (Wikimedia Commons, Attribution: Grshine)

頁 210：捷克鐵幕遺跡 (Depositphotos)

頁 211：美國海軍戰鬥機 (Wikimedia Commons, Attribution: Lt. Morris)

頁 212：經濟互助委員會開會現場 (Wikimedia Commons)

頁 212：莫斯科市政府大樓 (Wikimedia Commons, Attribution: Foma)

頁 218：歐盟總部 (Depositphotos)

南斯拉夫史——巴爾幹國家的合與分（三版）

洪茂雄／著

　　南斯拉夫地處歐亞兩洲的交界處，優越的地理位置卻導致外來政權的入侵與殖民。而多元族群之間的衝突也成了國家分崩離析的主因。戰亂離散的傷疤，始終銘刻在這塊土地上，原國境內一個個佇立的紀念碑，如同綿長的淚痕，正無聲地訴說南斯拉夫過往的戰爭記憶。已然解體的南斯拉夫，如同徘徊遊蕩的鬼魅，糾纏著巴爾幹半島的局勢發展；先後獨立的七個國家，時至今日仍舊相互牽絆、命運緊緊相繫。這個被稱為「火藥庫」的歐洲南方之地，能否在解體後獲得喘息？多元族群彼此碰撞的火花，又如何成就璀璨多采的文化？南斯拉夫的過往值得我們細數，探究成因，從歷史中找尋通往未來的答案。

波蘭史——譜寫悲壯樂章的民族

洪茂雄／著

　　史家筆下稱波蘭係「悲劇性國家」，十八世紀末短短二十三年內三度遭瓜分，而波蘭之所以能夠復國，重新站起來，正顯示波蘭文化有其自強不息的生命力。波蘭的歷史發展並且與歐洲的演變緊密相連，若要了解普魯士、奧地利和俄國的崛起，就得認識波蘭如何在強鄰壓境下，絕地逢生，展現活力。二十世紀以後，波蘭受共黨極權統治近半個世紀，直至瓦文薩組織的「團結工聯」崛起後，成為帶動國家和平演變的一股銳不可擋力量，同時也揭開東歐社會主義國家民主化的序幕，改寫了當代歷史。可見波蘭史是歐洲歷史不可或缺的一部分，欲了解歐洲史，應得先認識波蘭史的梗概。

羅馬尼亞史——在列強夾縫中求發展的國家

洪茂雄／著

　　羅馬尼亞人以羅馬人後代為榮，因為「羅馬尼亞」一詞，有羅馬人居住的土地之意，深受羅馬文化的影響，是東南歐唯一屬拉丁語系的國家。其地理位置，處於巴爾幹半島東北部，瀕臨黑海，戰略地位重要。在歷史上先後受羅馬、拜占庭、鄂圖曼等三個帝國的統治，沙皇俄國與奧匈帝國的勢力也曾虎視眈眈地擴張至該地區。第二次世界大戰之後，羅國淪入鐵幕，共黨統治一直到一九八九年十二月，發生流血革命，才邁向民主化，加入北約組織和歐洲聯盟，實現融入歐洲大家庭的歷史性轉折。羅馬尼亞的歷史，可謂是一部在列強夾縫中追求獨立自主的發展史。